Préparer les organisations aux 30 prochaines années

22 questions pour éclairer nos choix

Sous la Direction de
Danièle DARMOUNI &
Marie-Laure DAUCHEZ

Préparer les organisations aux 30 prochaines années

22 questions pour éclairer nos choix

Du même auteur :

"Les Compagnons du Devenir", Les Éditions du Devenir, 2013

« Le leadership du vivant, une pédagogie du devenir »
L'Harmattan, coll. « Avant Garde », 2013.

« Le leadership du vivant » dans *Les voies de la Résilience*, dir. Carine Dartiguepeyrou, L'Harmattan, coll. « Prospective «, 2012.

Contribution dans « Artisans du Devenir », dir. Danièle Darmouni et Philippe Gabilliet, Pearson 2011.

« La Supervision des Coachs », Danièle Darmouni et René-David Hadjadj, Eyrolles, 2010.

Contribution avec Michel Moral et Geoffroy Abbott, "The Routledge Companion to International Business Coaching", Routledge, 2009.

18, rue de Tilsitt, 75017 Paris

http://www.mozaik.fr
info@mozaik.fr

ISBN : 978-2-958-15262-8
EAN : 9782958152628

REMERCIEMENTS

L'écriture d'un livre collectif est souvent une aventure humaine, un peu folle mais toujours joyeuse. Sa réalisation n'aurait pas été possible sans le concours de Lito Achimastos, Laurent Allemand, Yoranne Cyrille, Monique Daigle, Stéphanie Gilot, Jean-Sébastien Goetschy, Jeanine Karabi, Marie Langlois, Régine Lebel-Melois, Christian Maisonneuve, Agnès Marchand, Judith Ménard, Michèle Oberto, Lionel Pimpin, Yourianne Plante, Martine Prigent, Arlette Pujar, Aude Royer, Christophe Shaw, Dominic Vézina et André Weng-Law, et tous ceux et celles qui ont souhaité que soit fait usage de leur seul prénom ou tout simplement rester anonymes. Ils ont accepté généreusement de partager, au fil de leur interview, leurs réflexions pour préparer les organisations au 30 prochaines années. Nous leur témoignons ici toute notre gratitude.

Notre reconnaissance va également à tous ceux avec qui nous avons eu le privilège de travailler au cours de ces 30 dernières années. Tout ce que nous avons appris d'eux a donné un élan à ce travail et l'a rendu possible.

Merci à nos associés et partenaires qui ont contribué par leurs témoignages ou par des entretiens à cet ouvrage : Michaela Brill, Stéphanie Candelier, Michèle Canellas, Sophie Chaix, Jacques Christon, Guillaume Darmouni, Marie-Laure Dauchez, Marie-Hélène Demers, Philippe Gabilliet, Roselyne Giguère, Marc Guionnet, Julia Haddad et Christophe Monniot.

Nous remercions aussi chaleureusement l'équipe administrative d'International Mozaik pour leur soutien logistique et, plus particulièrement, Mickaël Maillard pour avoir contribué avec ses talents d'éditeur à la publication de cet ouvrage.

Un clin d'œil enfin à ma chère amie Anne Autret qui avec Marie-Laure Dauchez ont fait de cette folle aventure parfois semée d'embuches, une aventure d'amitié et de rires partagés.

A nos enfants et petits-enfants…

Sommaire

Partie 3
Au cœur de l'organisation antisismique

Préface

Marie-Pierre DILLENSEGER

Les textes qui suivent sont justes, sincères et agissants.

« *Préparer les organisations aux 30 prochaines années – 22 questions pour éclairer nos choix* » est une symphonie de voix, un kaléidoscope d'expériences au service d'une évidence : la vitalité des structures sociales et professionnelles se nourrit du déploiement des énergies individuelles qu'elles sont capables d'inviter, d'écouter et de préserver. Il offre un témoignage poignant du courage et de la force d'une formidable cohorte, armée, équipe de coachs au service d'un tissu économique, prospère, vivant et durable.

Ce qui s'exprime au fil de ces pages est le lien fertile, profond et puissant entre l'âme de ceux et celles qui acceptent le défi d'accompagner le changement et l'âme de ceux et celles qui acceptent le changement comme condition essentielle d'une performance pérenne.

Chaque chapitre illustre sans détour et sans fard les questions et les tourments qui naissent d'une posture où la conscience des enjeux n'a d'égale que la responsabilité d'une parole efficiente et vertueuse. Pour l'entreprise, les enjeux sont majeurs car remettre encore, puis encore, l'ouvrage sur l'établi coûte. Pour le coach, oser - et être capable d'induire une transformation utile - mobilise des forces personnelles qui puisent bien souvent au plus profond de l'être. L'action juste et efficiente lie savoir-faire et savoir-être, expertise et bienveillance, force vitale et humilité.

International Mozaik fête ses 30 ans. Le défi posé en 1992 a été accompli parce que l'essentiel n'a jamais été sacrifié aux objectifs à court terme. Longue vie à une institution qui a su préserver son âme. Merci à Danièle Darmouni et à sa formidable équipe d'être restés fidèles à eux-mêmes.

Franco-Américaine, Marie-Pierre Dillenseger est spécialiste des arts stratégiques chinois (Yi Jing, Art de la guerre, synchronicité, analyse spatiale, décodage temporel) qu'elle pratique depuis 25 ans. Elle est l'auteure de « *L'Alignement* » (2021), « *Debout : la force de s'incarner. Oser s'accomplir : 12 clés pour être soi* (Mama Editions, 2019, 2020, 2021) et « *La voie du Feng Shui : chevaucher le temps, apprivoiser l'espace, trouver sa place* » (Dunod, 2016, Réedition 2022). Un 5ème ouvrage paraîtra chez Robert Laffont en 2022. Elle vit à Cape Cod, (USA).

Introduction

Danièle DARMOUNI

« Choisis la vie et tu vivras »
Dieu à Moïse – Ancien Testament

« Avec le temps, nous connaissons de mieux en mieux la vie mais elle demeure de plus en plus mystérieuse. » Edgar Morin

Pour célébrer les 30 ans d'International Mozaik, nous avons choisi de vous donner la parole autour du thème : *préparer son organisation aux 30 prochaines années.*

Ce défi soulève de nombreuses questions et les co-auteurs, d'âges divers et de cultures différentes, les abordent chacun à leur façon, avec humilité, en ayant choisi un angle de vue qui résonnait pour eux, au fil de 22 chapitres pour une parution en 2022, petit clin d'œil imprévu.

Nous avons tenu à garder le style et la petite musique de chacune des personnes rencontrées afin d'en garder « le sel » et la diversité. Vous entendrez dans leurs voix, venues des Antilles, du Québec et de tous les coins de France, d'étonnantes résonnances comme s'ils se répondaient, se complétaient et parfois s'opposaient. Pour chacun, c'était un moment précieux de partage de leur essence. Certains vous parleront plus que d'autres sans doute. Là aussi, vous avez le choix.

« *N'écoutez que les personnes qui vous apportent des nouvelles de vous-même. Les autres sont mortellement ennuyeuses* » disait André Breton. Au-delà de l'humour, cette phrase évoque un secret encore mystérieux : en surface, lorsque nous portons nos masques sociaux, nous sommes tous « différents » ; et pourtant, en profondeur dans une dimension invisible de notre être, nous pouvons entrer en résonnance sur ce qui nous est essentiel.

Cette polarité, ce paradoxe tisse la nature complexe de tout ce qui est vivant, et donc des organisations, écosystèmes composés d'êtres humains plus ou moins vivants.

Saurons-nous embrasser et réconcilier en nous cette dualité afin de faire œuvre de vie ?

En 2022, selon le dernier rapport du GIEC (2021), le futur de l'humanité à l'horizon des 30 prochaines années, s'annonce bien incertain. Il est aussi riche d'espérance si nous pensons au grand nombre d'initiatives créatrices qui sèment dès aujourd'hui les graines du renouveau.

Dès 2020, nous avons pu goûter avec la pandémie mondiale à l'une des versions du « trou noir » qui pourrait soit tuer l'espèce humaine littéralement, soit… la propulser dans un autre univers. Un univers où la beauté de la vie pourra se déployer en abondance. Encore une fois sur cette question de Vie et de Mort, nous avons le choix : être un mort-vivant toute notre vie ou être pleinement vivant jusqu'à notre finitude en sachant que celle-ci est inévitable et peut se produire à tout moment.

Comme l'a démontré Roger Penrose[1], père de la théorie de la conscience quantique, les trous noirs déchirent l'espace. Selon les Pères de la physique quantique, des multi-univers de possibilités, des myriades de chemins invisibles s'offrent à nous.

Et si ce trou noir nous ouvrait une voie vers un autre univers… Saurons-nous le traverser ensemble ?

Depuis 30 ans, International Mozaik a fait un pari fou, qui se démarque du cynisme ambiant : mettre au cœur de notre approche la transmission d'une dynamique vivifiante des relations professionnelles : un *Leadership du Vivant*®. Celui-ci s'inspire des principes universels qui animent l'ensemble des écosystèmes sur Terre.

Une dynamique puissante et créatrice d'abondance qui émerge d'échanges courageux entre des personnes qui osent choisir le sens qu'elles veulent donner à leur travail et aux modalités concrètes de leur alliance au sein de leurs organisations. Une dynamique relationnelle qui permet non seulement de s'accomplir en tant que « Je » individu[2], libre de ses choix, mais aussi de contribuer, chacun avec sa spécificité et son originalité, à l'évolution d'un « Nous ». Ce « Nous » qui relie l'ensemble des personnes au sein de leur organisation et plus largement, au-delà des frontières de leur équipe, à l'évolution de l'ensemble de la communauté humaine.

Placer le développement relationnel, l'altruisme et l'éthique au centre de notre attention dans nos interactions, avec les autres et avec notre environnement, c'est oser envisager un avenir dans lequel nous serons alliés dans un « Nous » solide et chaleureux, afin de rencontrer ensemble les défis d'un avenir bien incertain.

---

[1] Roger Penrose a reçu en 2020 le Prix Nobel de Physique, aux côtés de l'Allemand Reinhard Genzel et de l'Américaine Andrea Ghez.

[2] Individu au sens de Jung.

Le libre-arbitre existe-t-il ? Qu'est-ce qui détermine notre destin ? Un avenir « aimanté » par nos intentions, notre choix conscient est-il possible ?

Demain attend d'être choisi et aimé. Donner sa chance à « demain » et avancer ensemble nous demande d'entrer dans une autre relation au temps : pas seulement le temps incarné par le Dieu Kairos, qui parle de saisir les opportunités « par les cheveux », ni celui de Chronos, qui s'impose à nous et nous détermine, mais aussi celui d'Aiôn, le temps de l'instant, du pur devenir selon Gilles Deleuze, celui des cycles et des saisons, celui qui peut être celui de notre futur choisi.

Or, notre cerveau est occupé à plus de 90% à traiter des informations issues de nos mémoires, de nos jugements, des biais cognitifs de notre personnalité, issus de notre histoire et de celle des générations précédentes. La seule réalité que nous percevons est le fruit de notre construction mentale et la somme de nos choix individuels crée notre réalité collective.

Comment sortir de nos « impuissances apprises » et nous relier à nos potentiels ?

Des ingrédients féconds m'ont été transmis par les « sages » qui m'ont accompagnée sur mon chemin tout au long de ces années. Ma gratitude est infinie et je suis heureuse, dans cette introduction, de vous partager mon expérience : tout d'abord, osons dire **notre soif et notre envie de questionner** ce prétendu « Réel », faire preuve de curiosité, s'ouvrir à l'inconnu et entendre l'appel hors des sentiers battus, vers un ailleurs « ensoleillé ». Notre intention mobilise notre attention vers d'autres dimensions et crée de nouvelles possibilités de choix.

Puis ouvrir notre réceptivité à la nouvelle vibration qui nous parle d'un avenir choisi, en étant sensible à sa sensation de fluidité. Il est temps alors de faire une pause, une brèche, du vide dans notre emploi du temps de suractifs afin d'entendre les informations plus subtiles de cette vibration en ouvrant son cœur.

Se relier à soi et dans le silence, laisser venir l'invisible,
Écouter autrement la magie de la musique de la vie aux confins de l'espace et du temps…

Percevoir cette vibration subtile, implique d'entrer, en silence, dans un état de présence à nos véritables intentions et d'écouter ce que murmure notre intuition : des idées bien différentes de nos ruminations anciennes.

Se rendre présent à ce qui est déjà là et qui nous parle, en murmurant, du sens de notre vie, de notre contribution possible à la Société. Puis se connecter à notre source, à la pulsion de vie en nous et autour de nous, cet espace intérieur, chaleureux et solide, à partir duquel il devient possible de co-créer notre futur. Pénétrer sur la voie ensoleillée, c'est choisir de chercher ses nouvelles réponses, au présent et de les prototyper plutôt que culpabiliser soi, les autres ou la vie. En effet, chercher à qui la faute, nous retient dans le passé et nous fige dans un faux confort, un combat épuisant et sans fin.

Laisser partir les « il faut », « tu dois » qui nous coupent de notre puissance vitale afin d'explorer le mystère, les trésors enfouis dans nos « ombres ». L'être humain est plus souple que les « processus » rigides qu'il a créé. Ces processus correspondent bien à 80% des situations connues, mais ils nous enferment et bloquent nos organisations en temps de crise inconnue.

Laisser partir aussi ce qui n'est plus pertinent dans nos vieilles stratégies de protection, tout en conservant les pépites précieuses de notre vécu pour la suite du voyage.

Puis les laisser danser en nous et nous unifier aux cycles qui rythment le vivant.

Tout ce qui se passe devient alors source d'apprentissage de ce qui nous anime en profondeur. De nouvelles polarités dansantes enchantent notre réel, un chemin se dessine peu à peu, dans le clair-obscur, grâce aux rencontres d'étranges parfois opposés et souvent complémentaires. Ce chemin, vers notre contribution unique et singulière au Monde, est certes infini…

Le plus délicat est de faire le premier pas, ni petit ni grand, ce premier pas est « cosmique », car il s'agit de traverser le « trou noir » pour que le retournement véritable vers l'essentiel, puisse se faire.

Les pas suivants seront plus faciles, car une nouvelle souplesse et une joie seront présentes, inscrites au plus profond de nous. Elles nous accompagneront dans la suite de l'aventure, faite d'épreuves à décrypter pour vivre pleinement dans leurs lumières croisées.

Écouter notre pulsion de vie, celle qui donne envie de se lever le matin, comme le dit Marie-Pierre Dillenseger. Envie de nous lever et de transmettre autour de nous cette flamme qui brûle doucement pour éclairer les voies encore inexplorées, à la rencontre de ceux qui comme nous sont prêts à s'engager joyeusement à faire de demain une autre belle journée.

Co-auteur de notre vie avec le vivant, nous continuerons ensemble à évoluer en souplesse par l'émerveillement et le rire, nos deux capacités d'enfance, étonnantes de résilience, révélées par les Neurosciences.

Dans la première partie de ce florilège de pensées et de réflexions d'avenir, nous nous interrogerons sur les différentes façons de cultiver une dynamique relationnelle puissante et créatrice. On y parlera tour à tour d'innovation relationnelle, d'alliance, de confiance, des femmes, de la jeunesse et de la paix.

Dans la deuxième partie, nous nous interrogerons sur les différentes façons de s'ancrer dans l'instant, posture privilégiée pour s'ouvrir à la force de l'invisible. Flux, vibrations, sens, rythmes, inattendu et chaos seront au rendez-vous de l'imaginaire créateur enfin réconciliés avec la raison, au service de la bonne décision stratégique.

Dans une troisième partie, enfin, nous aborderons comment – à l'heure des turbulences – rendre nos organisations réellement « antisismiques » face aux tempêtes à venir. On y évoquera autant les navigations sur mers agitées que les transitions en douceur ; autant les entreprises à marier que les équipes hybridées ; et autant la préservation de l'essentiel que l'acceptation des changements au gré des vents encore inconnus de l'avenir.

C'est donc gaiement que je vous invite à venir vous balader dans cet ouvrage, à venir picorer un chapitre de temps en temps ou à tout absorber dans une seule soirée, et à y revenir selon votre humeur pour nous retrouver et vous réchauffer à cette flamme qui nous souffle :

Demain vaut la peine de se lever et
De célébrer en souriant le jour
Qui se lève en même temps que toi...
Les brises de l'aube ont des secrets à te dire, ne te rendors pas

A bientôt... Dani

« Le mouvement du vivant est un déséquilibre créatif permanent qui tend de manière asymptomatique vers l'harmonie. Le beau manifeste son apogée. Alors quitte le passé et laisse-toi emporter par l'éternité de l'instant, fusion de l'espace et du temps, extase du tout, qui se transformera en « tout est possible » si tu te laisses participer à la création de l'univers. »

Daniel GROSJEAN

PARTIE 1

CULTIVER
UNE DYNAMIQUE RELATIONNELLE
PUISSANTE ET CRÉATRICE

Chapitre 1
L'innovation relationnelle
Quels ingrédients visibles et invisibles ?

Danièle DARMOUNI

Dans l'univers de la musique, on trouve des expressions comme « accorder un instrument » pour trouver le son juste, ou « jouer un accord » qui est ici une combinaison de notes, ou « accorder ses violons » pour harmoniser le jeu des différents instrumentistes au sein de l'orchestre.

Ces analogies musicales nous ouvrent des pistes harmonieuses pour imaginer comment jouer et danser afin d'œuvrer ensemble sereinement. Un des sens du mot « accord » évoque l'entente mutuelle, passée entre une ou plusieurs personnes qui partagent « une concordance » de vues et d'aspirations. Celui-ci rejoint les questions qui ont animé toutes nos recherches et plus spécifiquement celles menées au sein d'Air Fund[3].

Rendre visible, l'invisible ?

Le mystère de l'art de vivre ensemble, est au cœur de la recherche menée au sein d'Air Fund. Air Fund, un *Life Tank* dont l'intention était de s'inscrire dans un mouvement d'ouverture et de questionnement fertile, afin de proposer un nouveau souffle, de nouvelles voies relationnelles et de revitaliser les organisations et les territoires.

Bloqués dans des rapports de force destructive, nombreux sont ceux qui se cuirassent, se battent, s'épuisent ou s'indignent, d'autres se refusent à se résigner. Ils souhaitent et osent questionner ce manque de liens, de plaisir et osent explorer des leviers différents, concrets et vivifiants, pour imaginer et construire ensemble une autre réalité.

C'est pourquoi, nous avons mené nos recherches au sein de lieux pionniers, sources d'inspiration afin de dévoiler « les ingrédients invisibles » qui font que dans ces lieux se développent prospérité et croissance durable, épanouissement des personnes et innovation reconnue.

Nous sommes partis d'une hypothèse que nous souhaitions explorer : *Et si l'harmonisation des relations professionnelles se*

[3] Fondation Alliance pour l'Innovation Relationnelle (2013-2019).

révélait être un puissant gisement de bien-être et d'évolution créatrice pour une organisation ?

Cette question en appelle une autre : comment passer du vieux rapport de force destructif – cause de tant de gâchis – à un rapport d'alliance entre professionnels, animés du même désir de réussir ensemble à construire leur devenir ?

Face à ce défi majeur, il est temps d'aller au-delà du diagnostic critique et d'explorer de nouveaux leviers concrets pour construire une autre façon de se relier et de transformer la complexe cacophonie de nos organisations en une « symphonie collective ».

Nous savons que notre cerveau fonctionne en boucles répétitives, structurés par nos apprentissages ; il lui est difficile de laisser partir son besoin d'avoir raison, sa peur de ne pas y arriver, celle de se faire avoir… Pour notre cerveau, surtout, s'il est très éduqué, changer seul un point de vue ancien, devenu obsolète est très difficile. Apprendre à le faire avec une équipe, où des alliés solides est beaucoup plus aisé. À condition que chacun s'accorde sur un nouveau savoir-vivre et ancré dans sa réalité.

Comment y parvenir ?

Les ingrédients visibles – dans ces lieux pionniers, nous avons repéré certains ingrédients – source d'innovation relationnelle, présentés de façon explicite et visible :

Premier ingrédient nécessaire mais pas suffisant : *la volonté* affirmée et répétée des décideurs de l'organisation qui fait le pari de la confiance et de l'autonomie pour tous les acteurs de l'organisation. Ils opèrent le choix de l'auto-gouvernance et de l'auto-contrôle en s'appuyant sur des démarches favorisant l'intelligence collective comme la méthode agile, le co-design, l'entreprise libérée, le co-learning, le coaching, …

Notre approche, par exemple, nourrit la Coopération, soutenue par les principes du *Cocorico* : CO-responsabilité et CO-protection pour la CO-création, nourrie du « Ri », la puissance du rire, ou du moins du sourire qui allège ce que tous ces CO peuvent avoir parfois d'exigeant.

Le temps, deuxième ingrédient, est considéré comme un allié, une force dans toute sa polarité de l'urgence des temps courts jusqu'au temps plus long de la formation, de l'accompagnement et de la stratégie. (Voir chapitre 11- Oser jouer avec les rythmes)

L'espace, le troisième ingrédient, est au service de la coopération avec différents lieux dédiés pour des temps différents : concevoir, fabriquer, célébrer ensemble. Le télétravail rend plus complexe cette répartition.

D'autres organisations affichent cette volonté et utilisent ces méthodes, mais les effets ne sont pas toujours au rendez-vous. Nous avons mené plusieurs séries d'entretiens approfondis pour découvrir ce qui pouvait expliquer le succès concret. Un mot revenait sans cesse, le mot *confiance*.

Une confiance qui s'exprime dans les cinq dimensions de la relation

- La relation à soi : je saurai apprendre ce qui est nécessaire pour assurer mes besoins et respecter mes valeurs.
- La relation aux autres : je saurai partager « sans masque » mes émotions et ce qui est important pour moi ; j'apprends de la rencontre avec ceux qui ne me ressemblent pas.
- La relation au contexte : je saurai observer, explorer l'inconnu et m'adapter en préservant ce qui est essentiel.
- La relation au futur : je saurai saisir les opportunités qui se présenteront pour progresser, demain est riche de possibles.
- La relation à la vie : je saurai continuer à goûter ce que la vie va me présenter, la vie est généreuse.

Pour garantir sa survie, tout système vivant, une organisation humaine, privilégie la recherche continue d'équilibre entre le pôle de conservation stable et le pôle d'évolution créative. Tenir compte de cette homéostasie renforce, paradoxalement, d'abord des points de repères solides et sécurisants et permet de renouveler les relations au sein d'une équipe.

Il est puissant de commencer par se relier à des fondamentaux, essentiels pour les collaborateurs, le sentiment de sécurité et de confiance.

Quels sont donc les ingrédients invisibles de cette confiance vécue, éprouvée qui revient dans tous les entretiens que nous avons étudiés ?

Les ingrédients invisibles

Dans un premier temps, nous avons observé que la puissance de procéder à des choix courageux et d'agir dans l'inconnu, émerge d'un pacte relationnel partagé composé d'un tissu complexe et subtil de protections et de permissions réellement vécues au niveau : de la Tête

– notre pensée, du Cœur – nos sentiments et émotions, du Corps – incarnation, action.

Les protections « Corps » - s'incarner du concret

- **Partager des racines**, un ADN d'audace, de résilience et d'inventivité. Ces racines peuvent venir d'une histoire commune dans la même organisation ou de vécus dans des organisations différentes ou d'histoires familiales qui ont un ADN proche en termes de valeurs incarnées. Le corps, c'est-à-dire notre capacité de réaliser, est dynamisé par cet enracinement.
- **Imaginer et produire de l'utile qui touche nos sens** en passant par la mise en œuvre concrète de prototypes que l'on peut valider ou faire évoluer… Et pas seulement des Power Point. Cette dynamique, une mise en mouvement qui à travers tous nos sens, est de moins en moins possible dans les projets seulement conceptuels. Ce manque vient de loin, ainsi dès l'école, on nous apprend à rester assis et à utiliser notre pensée, mais si le corps n'est pas dans l'action, nous nous détachons d'une grande partie de ce que nous sommes et surtout de nos émotions.

Les Permissions « Tête »

- **Oser bousculer** notre cadre de référence, notre pensée devient exploratrice, dynamisée par la **curiosité** de découvrir en se donnant la possibilité de tester une idée « décoiffante », de se planter et d'apprendre de ses erreurs tout en progressant à son rythme.
- **Oser transgresser** les interdits et les conformismes de notre culture sociale et d'entreprise, laisser partir les impuissances apprises et sortir des sentiers battus. Oser surtout **être décalé**, original, ouvert ensemble à la diversité et à la surprise.

Les Permissions « Cœur »

- **Laisser voir notre vulnérabilité** et laisser partir notre peur du rejet ou de l'humiliation. Grâce à la solidarité vécue au sein du collectif, il est possible alors de tous *tomber les masques…* Et d'avoir le courage d'accepter notre fragilité, de nous montrer à nu, et parfois devant les autres, pour oser entrer dans des conversations courageuses et fertiles.

- **Partager sans crainte donne accès à l'intimité.** L'intimité, c'est se sentir proches, prêts à évoluer en explorant ensemble des options incertaines. Accueillir nos peurs comme des compagnons de route – j'ai peur et j'y vais quand même – permet d'approfondir une nouvelle alliance, même si des tensions se produisent, pour avancer ensemble sur un chemin inconnu.

L'enracinement solide, la curiosité et l'intimité ouvrent la voie à la véritable Co-création. Qu'est-ce qui soutient cette prise de risque dans l'inconnu et cet engagement à poursuivre l'expérience quels que soient les imprévus et les crises ?

Nous avons poussé notre *écoute un pas plus loin dans l'invisible* et voici ce qui s'est révélé de nos échanges :

- Chaque être humain, depuis sa naissance, est *animé par une pulsion de vie*, un mouvement intérieur profond qui pousse à rechercher la relation ; un désir profond de se rencontrer, de grandir, d'apprendre avec les autres.
- Si chacun peut se connecter à cette énergie vitale d'origine et si cette énergie personnelle résonne en cohérence avec *la raison d'être* de l'organisation ou du territoire dont il fait partie alors… Co-évoluer avec le chaos du monde devient possible, une joie, une passion.

Lorsque cette cohérence intérieure – extérieure résonne puissamment au cœur de l'invisible, les autres ingrédients extérieurs, les méthodes et les outils visibles, jouent pleinement leur partie : *notre ère de Haute Technologie appelle des êtres de Haute Sensibilité* est ma traduction du « *High Tech needs High Touch* » de Naisbitt.

C'est l'interaction de l'ensemble de ces ingrédients invisibles et visibles, spécifiques à chaque contexte particulier qui génère une nouvelle prospérité. Pratiquer la coresponsabilité créative est le prérequis essentiel pour tout leader voulant le proposer à ses équipes. « *Quand une personne vie pleinement, les autres en font autant* » écrit Clarissa Pinkola Estes.

Nous pouvons agir à partir d'un champ de possibles que nous sentons émerger. La faculté d'accompagner cette évolution est, l'essence même du leadership d'aujourd'hui : ne pas chercher seul, mais oser en prenant ensemble la responsabilité des prochains chapitres de notre histoire.

A chacun de retrousser nos manches joyeusement pour expérimenter ce nouveau leadership collectif que je nomme : Le Leadership du Vivant®[4].

Les principes et les lois du vivant sont là pour nous ouvrir une voie vivante. À chacun de choisir librement de faire vivre ces principes en les adaptant, de façon fluide, à son style et à son contexte de travail lorsqu'il désire contribuer avec les autres au futur souhaitable de la société.

[4] Danièle Darmouni, « Le Leadership du Vivant », Ed. L'Harmattan, 2013.

Chapitre 2
La symphonie du nouveau monde
Et si on s'entrainait à être des humains en alliance ?

Marie-Hélène DEMERS

Habitée par ma mission de faire évoluer le leadership et la culture dans les organisations, faire avancer la solidarité et le travailler ensemble, je vais vous partager mon voyage au pays de la coopération. Approchez, tendez l'oreille, ouvrez votre cœur avec l'œil du commencement. Je vais vous raconter mon histoire. Je suis née avec un don : l'oreille absolue. La culture musicale est mon ADN. J'ai grandi avec la musique classique. J'ai pratiqué plusieurs instruments à vent. J'ai passé plusieurs étés de ma jeunesse au camp musical. J'ai fait partie d'une chorale, de plusieurs ensembles musicaux et d'un orchestre. J'ai transmis ma passion de la musique comme enseignante auprès de jeunes. Tout ça avant d'avoir célébré mes 22 ans.

Ma vie de musicienne ? Des milliers d'heures de pratique individuelle et en groupe, avec d'autres musiciens aux racines communes, en confiance et en autonomie, avec la curiosité et l'envie de nous accorder, de lire la partition, de prendre le temps de s'arrêter, de recommencer, de se donner de la rétroaction, d'apprendre, de maîtriser, de peaufiner, en toute complicité et intimité, pour le plaisir de coopérer. Les concerts, lorsqu'il y en avait, étaient des moments magiques pour célébrer notre coopération et la rendre visible au public. L'invisible, ce sont les liens qui se sont tissés entre nous lors des innombrables moments de pratique et d'apprentissage.

Mais quels en étaient les ingrédients ?

Ma question est restée en suspens. Je n'ai pas fait carrière en musique. J'ai changé de voie dans le domaine des technologies, on me disait que c'était l'avenir. Pendant 15 ans, j'ai été nostalgique du passé de mon jeune temps et je rêvais encore à ces moments magiques, car avoir fait partie d'une grande communauté musicale a été l'une des meilleures expériences de ma vie. Je me rendais compte que dans l'univers des organisations, on ne s'accorde pas assez le temps pour s'accorder et à se pratiquer à être des humains. Comme l'a écrit Peter Senge, « *Bon nombre passe le reste de leur existence à tenter de retrouver cet état intérieur* », ce sentiment de coopération.

La coopération représente l'action de participer à une œuvre, à un projet commun ainsi que les liens qui se tissent pour la réaliser.

Il s'en suivit un changement de métier. Dix années à la recherche de « la recette » qui permettrait de recréer des environnements de travail favorables à la coopération, comme je l'avais vécu dans mon univers musical. Lorsque International Mozaik s'est retrouvé sur mon chemin, tout est devenu clair et j'ai enfin compris qu'il n'y a pas de « recette ». Ma rencontre avec Danièle Darmouni a été un point déterminant dans ma quête de mon projet de coopération.

Mon rêve des 30 prochaines années : à quoi ressemble-t-il ?

Un monde où des humains prennent le temps d'accorder leurs voix et leurs aspirations pour trouver le pacte juste et harmonieux leur permettant de pratiquer, apprendre et interpréter ensemble une partition de coopération qui sert l'intérêt collectif. Telle est, selon moi, la quête du 21ème siècle, cruciale dans ce monde en mouvance des 30 prochaines années : la Symphonie du nouveau monde : se pratiquer à être des humains. Comme la Symphonie « du Nouveau Monde » de Dvorak en est l'exemple, un chef d'œuvre musical intégrant différents styles mélodiques et rythmiques, conjuguant traditions et modernité dans une parfaite harmonie.

Une fenêtre vers le futur – le 24 novembre 2021, j'ai célébré mon anniversaire au « Rendez-vous des générations 2021 », organisé par le Conseil des industries durables[5], Lab22 et le Collège Beaubois[6]. Ils ont su rassembler plusieurs générations d'acteurs de changement et d'ÉCOLeaders Solidaires.

Souhaitons à nos enfants, à nos neveux et nièces, à nos filleul(e)s et à nos petits-enfants – qu'ils vivent l'expérience de la coopération plus tôt dans leur vie professionnelle au lieu de passer toute leur existence à la rechercher, comme ce fut le cas pour ma génération et celles qui nous ont précédées.

Je vous propose de nous inspirer des dauphins et de leur manière de coopérer. Ils se déplacent toujours en bancs pour chasser et tout le monde en profite. Lorsque de jeunes nouveaux membres arrivent dans la famille, les plus âgés, qu'ils soient leurs parents ou d'autres membres du banc, leur enseignent les techniques de chasse. L'union fait leur force. Ils ressemblent eux-aussi à des orchestres musicaux.

---

[5] Le conseil des industries durables au Québec est une des instances reconnues qui assurera l'intégrité, la transparence et la cohérence du développement durable au sein des sociétés et des industries pour les générations actuelles et futures.

[6] Lab22 est un laboratoire d'innovations sociales et environnementales.

Voici deux témoignages issus de ce rendez-vous des générations 2021[7]. Ces témoignages nous inspirent des pistes concrètes et dessinent un chemin coopératif pour les 30 prochaines années. Yourianne et Dominic sont les Leaders de deux organisations innovantes. Elles s'appuient sur les ingrédients visibles et invisibles de l'innovation relationnelle au service de leur mission de croissance écoresponsable et durable. Écoutons leurs mots, écoutons leurs chants de coopération.

Yourianne Plante, Directrice des communications des Fermes Lufa, un modèle innovant et durable d'agriculture urbaine sur les toits.

Yourianne est extrêmement inquiète et sonne l'alarme. Il ne devrait y avoir qu'un seul objectif universel partagé : la survie des humains sur notre planète, dit-elle. « *On n'a plus le choix.* » Je vois dans son propos que nous devrions tous jouer la même et unique partition de musique : notre survie.

Elle nous dit aussi qu'il est temps de se sortir de la course folle et de vivre plus doucement, en accord avec notre environnement, comme le faisaient les premières nations indiennes, en accord avec la nature et le cycle des saisons. Une vision claire se dessine en l'écoutant : la planète doit regagner sa place et se transformer en notre unique chef d'orchestre. Dans cette vision, la planète nous proposerait un projet d'interprétation autour d'une seule partition de musique. Elle nous donnerait le juste tempo, plus équilibré sur les axes Évolution/Stabilité. Comme la planète essaie de le faire avec cette pandémie mondiale COVID-19.

Dans cette histoire, qui sont les instruments ? Ce sont les institutions, les entreprises, les écoles, les conventions qui, selon elle, sous la direction de notre planète-orchestre, mutualisent les cerveaux, les expertises, les cœurs et les « tripes » pour interpréter et apprendre ensemble la même partition, la même symphonie, pour un monde solidaire et prospère.

Yourianne a le sourire dans la voix en parlant des Fermes Lufa qui ont été pensées pour s'intégrer harmonieusement et en accord avec son écosystème comme une solution à notre seul défi commun : la survie des humains. Elle rêve que dans 30 ans, Les Fermes Lufa deviennent un outil enraciné dans les habitudes courantes - un

[7] L'approche du Collège Beaubois vise à développer les compétences qui rendent ses élèves capables de façonner l'avenir en réfléchissant aux impacts sociaux, culturels, économiques et environnementaux de leurs choix.

instrument - au même titre que les voitures électriques et les panneaux solaires pour régler les enjeux du climat au service de notre survie.

Yourianne et moi avons eu un immense plaisir à co-construire la suite de l'histoire… ou son commencement : ce sont les jeunes qui accordent nos instruments de musique. Pour que la symphonie soit harmonieuse. Ils sont « l'ÉCOEspoir ».

Dominic Vézina, Directeur Général du Lab22

Dominic se pose depuis fort longtemps des questions sérieuses : que voulons-nous devenir ? Quelles relations voulons-nous avoir pour bâtir ensemble un avenir durable ? Comment rendre ce grand projet de « nouvelle symphonie » possible ?

La mission que Dominic s'est donnée répond à un besoin de générativité[8]. Inquiet par les enjeux criants du réchauffement climatique et de la survie des humains sur notre planète, il a fondé en novembre 2019 le Lab22 en référence au jour de l'évènement « La planète s'invite à l'école », point de départ du Lab22.

Il est habité par le désir d'instaurer un « instrument apprenant » aux valeurs humanistes, de co-création et de coopération. Lab22 existe pour interpeller la population, et plus particulièrement les jeunes de 12 à 29 ans, sur divers enjeux sociaux et environnementaux dans le but de développer avec eux des réponses novatrices visant à générer des transformations positives et durables pour les collectivités[9].

Car Dominic souhaite tout simplement laisser une trace immuable dans la société en générant l'impulsion de départ d'un mouvement de dialogue et de coopération avec les jeunes pour imaginer et construire l'avenir avec eux.

Un mouvement qui continuerait à perpétuité, sans lui et sans le Lab22, car enraciné dans les habitudes courantes, dans la culture et dans le monde de l'éducation.

---

[8] La générativité – mot créé par Erik Erikson – qualifie la 7e étape de la croissance de l'être humain. Il la situe approximativement entre 45 et 65 ans. La générativité signifie que l'on porte intérêt, au-delà des membres de sa famille, aux générations futures et au monde dans lequel elles vivront. L'ÂGE ADULTE : la générativité ou bien la stagnation (mieux-vivre-autrement.com)].

[9] Lab22 | Laboratoire d'innovations sociales et environnementales Lab22.

Pour lui, ce mouvement de coopération au service de la survie des humains repose avant tout sur l'éducation des jeunes. Il est urgent selon lui de se mobiliser autour d'un nouveau projet éducatif pour établir un profil de sortie des jeunes d'aujourd'hui et de demain, pas seulement autour des compétences « Tech », mais surtout pour développer leurs habilités relationnelles et leur savoir-agir « Touch » qui permet d'enraciner tôt dans la « tête-cœur-corps-esprit » de nos jeunes les ingrédients invisibles de l'innovation relationnelle.

En musique, le diapason est la note dont la fréquence sert de référence pour l'accord des voix et des instruments[10]. C'est ce que Dominic et son œuvre m'inspirent : l'instrument apprenant Lab22 nous donne la note ou l'impulsion sur laquelle nous allons nous accorder et tisser des liens, pour s'entrainer à être des humains unis et jouer ensemble notre belle Symphonie du nouveau monde au service de la VIE. Au service de la pérennité de notre race humaine.

À quoi rêvent nos enfants ?

La survie des humains est leur cri. Leurs idées de solution sont un mouvement de circularité : dialogue et apprentissage, intelligence collective, éducation citoyenne, économie circulaire. Qu'attendons-nous pour les intégrer dans nos Conseils d'Administration et leur accorder une voix et un pouvoir d'agir avec carte blanche ?

Tendons-leur la main. Des millions de jeunes à l'échelle de la planète rejoindront le marché du travail chaque année au cours de la prochaine décennie. Il est prioritaire de transformer le monde du travail et de le rendre accueillant et stimulant pour eux et les générations futures afin de leur faire une place, entendre leurs voix et nous accorder avec eux. *Les prochaines années feront place aux équipes en alliance, l'organisation est-elle prête ?*

Imagine, all the people sharin' all the world,
You may say I'm a dreamer
But I'm not the only one
I hope someday you'll join us
And the world will live as one...

John Lennon

[10] Définition : Larousse.

Chapitre 3
La nouvelle danse du « Je » ET du « Nous »
Quelles coopérations dans l'organisation future du travail ?

Michaela BRILL

Étymologiquement, le mot crise – de *krisis* en grec – associe décision et jugement, une décision entre deux choix possibles. La crise du Covid peut être regardée à travers ce prisme-là. Des semaines, des mois, et même plus d'un an de travail à distance, nous interroge sur notre rapport au travail, sur l'organisation du travail et le rapport entre chaque individu et le système.

Timide jusqu'ici, le télétravail « forcé » a créé l'opportunité de repenser l'organisation du travail vers plus de flexibilité et d'autonomie. Une véritable aubaine pour ceux qui ont goûté au plaisir de travailler depuis n'importe quel lieu choisi, une souffrance pour d'autres, enfermés dans un petit espace, isolés et submergés par du « trop », avec une vraie difficulté pour séparer l'espace professionnel et l'espace personnel.

Après ce vécu inédit, quel futur pour le travail et son organisation ?

Un futur où, dans le sillon de la transformation digitale, *Flexoffice* et *Flextime*, semblent les maîtres-mots de l'organisation du travail de demain. Le « Nous », le collectif doit être nourri. Une organisation, avec des enjeux et des défis à relever au quotidien, nécessite une coopération fluide et efficace, des alliances fortes nourries par un sentiment d'appartenance. Comment bâtir cela quand chacun travaille chez soi ? Comment nouvelle flexibilité et autonomie se conjuguent-elles avec l'exigence de coopération ? Quel dosage entre besoins individuels et l'ambition collective ?

Nous avons accompagné une entreprise de la « Tech » dans ses réflexions au moment du retour progressif vers le bureau.

À la question, *« Qu'est ce qui est ou était positif dans le travail en « confinement » - et donc à distance - et qui serait à garder pour l'organisation future du travail ? »* Ils ont répondu :

- Plus d'efficacité : en région parisienne, la durée moyenne passée par jour dans les transports est d'environ 2 heures = 10 heures par semaine. Plus d'une journée de travail gagnée sans « commuting ».
- Un meilleur équilibre vie pro – vie perso : la possibilité de récupérer les enfants à l'école, de déjeuner en famille, de faire du sport…
- Plus d'autonomie : la possibilité pour chacun de s'organiser en fonction de son propre rythme, ses besoins et contraintes.

Qu'est-ce qui est positif par rapport à ce retour au bureau ?

Le fait de se retrouver ensemble ! Entre pairs, avec les équipes, les managers.

D'après une étude[11], 90 % des salariés –cadres et non-cadres – apprécieraient la flexibilité de travailler depuis chez eux, ou du moins d'avoir le choix de le faire. S'agit-il là juste d'un autre phénomène de l'individuation de notre société où la notion du collectif perd en vitesse par rapport aux besoins et aux contraintes de chacun ? Après les produits et services customisés, le futur du travail s'inventerait-il autour d'un « *workplace* » et d'une « *expérience employée* » customisés ?

Simultanément, un autre « phénomène » se dessine à l'horizon : le départ volontaire de nombreux salariés. Ainsi, en France, des milliers de personnes ont quitté la région parisienne pour s'installer dans une région proche de la nature avec une meilleure qualité de vie. Aux États-Unis, on parle du « *Big Quit* ».

Autre signe, assez timide pour l'instant : le cumul de plusieurs activités – pas forcément toutes salariées - pas par nécessité, mais par intérêt.

Comment rendre vivifiant et puissant le collectif, lorsque les individualités se renforcent ?

Dans beaucoup d'organisations, la tentation première était de « faire comme avant », avec pour certains juste quelques jours de

[11] Bernard Marr, The Forbes, 22.01.2021, Future of Work : The 5 Biggest Workplace Trands.

télétravail de plus par mois. Je propose d'accueilir cette crise comme une opportunité vers une véritable mutation – un changement type 2 – qui permet de réinventer le travail et le rapport au travail.

Cela implique de laisser partir certains vieux schémas pour laisser la place à la création du nouveau, tout en maintenant ce qui fonctionne comme appui. Elle ouvre à l'opportunité de réinventer le travail et de créer un nouveau pacte entre l'organisation et ses salariés et clients. Et ce choix ne doit pas se faire entre le « JE » OU le « NOUS » mais le « JE » ET le « NOUS ».

Laisser partir… Se réinventer, être disruptif… Des mots « tendance » qui génèrent de l'espoir, mais souvent ne vont pas jusqu'au bout. Beaucoup de transformations « avortées » se heurtent à l'incapacité du collectif ou de certains de ses représentants, de questionner les schémas devenus obsolètes.

Quels schémas laisser partir ? Chaque organisation doit trouver cette réponse pour elle-même. Toutefois, laisser partir les certitudes suivantes, semble essentiel :

- Les gens travaillent uniquement lorsqu'il est à son poste de travail et aux horaires habituels ; le télétravail représente une forme de « congés déguisés ».
- Un « subordonné » travaille uniquement si son boss est là pour le contrôler.
- Tout le monde doit être là, systématiquement et avec les mêmes règles… Pour réussir ensemble.

Dans les interviews menées et plus globalement parmi les « bonnes surprises » du confinement, la plupart des leaders interviewés ont apprécié l'implication de leurs équipes, leur engagement, leur investissement et ceci indépendamment de leurs niveaux hiérarchiques.

Pour développer des salariés engagés et co-responsables, quel que soit leur lieu de travail, l'organisation qui est un système dynamique vivant[12], peut s'appuyer sur des principes d'évolution et de structuration. Inspirés de l'École Palo Alto, les « principes du vivant » sont nécessaires au développement des systèmes vivants dynamiques pour répondre aux besoins de sécurité et d'ouverture créatrice, et faire émerger une coopération fluide et efficace.

---

[12] op. cit. p26.

… **Laisser venir** ce qui serait à créer pour une organisation pérenne du futur du travail.

Agilité & Inclusion

Selon nos interviews, les expériences ont été aussi diverses que les profils des salariés. Les mots fréquemment entendus étaient **inclusion** et prise en compte **de la diversité**. Beaucoup d'entreprises pensent déjà les parcours de carrière de façon personnalisée. Nous pourrions imaginer que cette personnalisation pourrait s'étendre à la façon dont chacun s'organise : ne pas préconiser une même solution pour tous et laisser le choix aux salariés.

Finalité : une seule et même direction qui donne sens

« *Un système vivant mobilise son énergie dans une direction vers laquelle il tend naturellement* »[13].

Il s'agira donc de définir la finalité du système sous forme d'intention, projets objectifs et indicateurs – une vision partagée par l'organisation et par chaque individu.

Il est important que chacun connaisse précisément et explicitement sa zone de responsabilité, ce que l'on attend de lui ainsi que le sens de ce qu'il fait et à quoi il contribue. À ce titre *la fable du casseur de pierres ou du bâtisseur de cathédrale* illustre la force et l'énergie mobilisatrice que chacun trouve quand il possède le sens de ce qu'il fait et à quoi il contribue.

La technologie pour monitorer et pour se connecter

Le travail à distance, en période Covid, n'aurait pas été aussi aisé sans l'appui technologique. La déconnexion de la productivité du lieu et de l'espace de travail s'appuie sur une technologie qui génère les flux de communication et du monitoring du travail réalisé quel qu'il soit. Nous sommes juste au début de cette évolution avec des plateformes collaboratives et ce que l'Intelligence Artificielle nous réserve comme opportunités, qui rendront le travail à distance possible pour un nombre grandissant de personnes et de métiers.

---

[13] Peter Senge, « The 5th discipline », Random House.

Maintenir des espaces authentiques et mémorables en présence tête-cœur-corps

Un système vivant tend vers l'équilibre : lorsque certains paramètres d'un système évoluent d'autres doivent être maintenus afin de préserver cet équilibre. Dans l'accompagnement d'une transformation, nous soutenons ainsi le pôle stabilité : ce qui fonctionne, qui représentent des appuis pour l'organisation, l'équipe et chaque individu, et qui sont à renforcer.

Nous avons évoqué l'aspect « Tech » mais quid du sensible, du lien, de la confiance ?

L'Homme ne peut vivre dans un monde que virtuel. Nous avons besoin de solliciter nos sens, voir et entendre, mais aussi sentir, toucher, et de vivre des émotions fortes ensemble. Pendant le premier confinement, nous avons basculé toutes nos formations à distance, en questionnant bon nombre de nos certitudes et en acceptant de nous laisser surprendre.... Les émotions peuvent se vivre aussi à distance. Mais... ce n'est pas tout à fait la même chose... Il me semble essentiel de maintenir des rencontres en présence et, plus encore, d'en faire de façon consciente des espaces de lien d'intimité et de vraie connexion. La réunion hebdomadaire et routinière peut se faire à distance, le reporting aussi. Mais le sensible, l'intime et la confiance passent avant tout par l'informel et de ce fait sont plus difficiles à développer et à cultiver à distance.

Continuons à nous réunir en présentiel, avec des moments à forte valeur ajoutée, pour phosphorer, inventer ou de nouveau apprendre ensemble. Le maintien des espaces-temps en présence, susceptibles de tisser, de développer et de cultiver les liens de confiance représente ainsi un enjeu majeur de la future organisation de travail. Ces moments doivent être autre chose que la simple « présence » mais deviendront des présences conscientes « tête-cœur-corps » génératrices de liens de confiance durable.

Conclusion

Pour répondre à la question posée plus haut, oui, peut-être **l'organisation future du travail** devra-t-elle proposer à ses salariés et partenaires, un pacte personnalisé offrant une expérience « customisée », qui permettra de satisfaire des besoins individuels de flexibilité et d'autonomie.

Elle devra autant valoriser le NOUS car comme dans tous les systèmes vivants *« Ensemble ça va mieux »*[14]. Dans un monde incertain, le collectif accorde la protection nécessaire à sa survie et à l'évolution de chacun. Si la vision, partagée et connue de tous, donne finalité et sens au travail, ainsi que des principes d'entraide et de solidarité avec la création régulière d'espaces relationnels authentiques : soutenir la confiance, développer des alliances fortes et continuer à apprendre et à innover ensemble.

Cette organisation hybride, flexible, inclusive et organisée autour d'un enjeu fédérateur, demandera de renouveler le Leadership et les qualités managériales : un « Leadership du Vivant® »[15] qui, au lieu de vouloir figer l'existant et le statut quo, et de tout processer, accompagnera les évolutions de l'ensemble et de chacun dans cet ensemble.

---

[14] Peter Wohlleben : « La vie secrète des arbres ».

[15] op. cit. p26.

Chapitre 4
Cultiver la confiance
Vers un nouveau « bien commun » relationnel ?

Christian MAISONNEUVE

« *J'en fais bien assez pour ce que je suis payé !* » Formulé à l'extérieur de l'entreprise ou entre collègues à la machine à café, c'est là un des pires commentaires concernant l'entreprise et son management. Que doit comprendre le manager sinon : « je travaille à la mesure de ce que je reçois, qui se limite à un salaire, et rien d'autre de positif ».

Comprendre la société au sein de laquelle les personnes vivent en dehors de l'entreprise est essentielle pour développer un management puissant. Aujourd'hui, chacun recherche dans son travail davantage d'autonomie, davantage de reconnaissance et, par-dessus tout, davantage de sens.

Tout management qui n'entre pas en résonance avec ce nouveau contexte sera condamné à l'inefficacité par un désengagement progressif et souvent silencieux des acteurs. À l'inverse, observer les entreprises dont le succès résulte d'un management sincèrement humain s'avère riche d'enseignements quant aux comportements et pratiques à promouvoir.

Au milieu des années 70, aux États-Unis, Bob Chapman hérite de l'entreprise Barry-Wehmiller. Suite à une crise, où il frôle le dépôt de bilan, Bob réoriente son management et toute l'entreprise selon des principes centrés sur les personnes et baptisé « Truly Human Leadership » (Leadership Véritablement Humain). J'ai pu échanger avec Bob en profondeur au sujet de ses principes :

- Chacun veut faire mieux. Faites leur confiance.
- Les leaders sont partout. Décelez-les.
- Les gens réalisent chaque jour de bonnes choses, grandes et petites. Célébrez-les.
- Certaines personnes voudraient que les choses soient différentes. Écoutez-les.
- Chacun est important. Montrez-le-lui.

Depuis cette révolution managériale centrée sur la confiance, le groupe Barry-Wehmiller a connu 30 années de croissance prospère, et une année de dépression sévère, en 2008. Cette année-là, Bob, avec son management, a défini la stratégie de survie : « maintenir la confiance » et « pas de licenciements ». Concrètement, cela a conduit à organiser des prises limitées de congés sans solde, dans toutes les sociétés du groupe et par tous, y compris Bob. Dès 2010, un retour spectaculaire des profits a permis de reverser à chacun une prime égale à la perte de salaire consentie durant la crise. Engagement et coopération étaient devenus évidents pour chacun. Pour moi, cette cohésion impressionnante soutient l'image d'une équipe soudée autour d'un bien commun. Le travail est pourtant fréquemment associé à une obligation, peu ou prou une contrainte dont on aimerait se libérer. C'est pourquoi, le lien entre travail et bien commun semblait paradoxal à beaucoup ; résoudre ce paradoxe apparent a ouvert une piste de réflexion très féconde.

Une relation à réinventer entre travail et bien commun

Les travaux concernant les biens communs analysent l'utilisation collective d'un bien naturel limité, comme une surface de pâturage ou un volume d'eau d'irrigation. Plus récemment, le concept a été élargi aux biens communs immatériels, comme la connaissance, l'information ou la culture. *Je propose d'envisager aussi le bien commun relationnel, centré expressément sur les interactions directes entre les personnes.* Chaque membre en est à la fois bénéficiaire et contributeur au travers de multiples relations croisées, de plus en plus confiantes, riches et fluides.

L'entreprise est alors envisagée comme une possibilité de bien commun relationnel avec des règles morales, des pratiques de coopération et des rites qui en structurent la dynamique. Moins mesurable qu'un troupeau, une quantité d'eau ou un savoir partagé, le bien commun relationnel a le privilège extraordinaire, de transformer un groupe d'individus en *communauté humaine*.

Le niveau élémentaire de bien commun relationnel est celui de la convivialité quotidienne entre collègues de bureau, d'atelier ou d'équipe. À la pause-café, les conversations tournent autour de la famille, des vacances, des bonheurs et difficultés de la vie… Durant ces moments de partages informels, chacun se sent relié à une communauté humaine. Ces pratiques, indispensables, portent un effet positif certain mais limité : il s'agit de bien-être sur le lieu de travail et pas d'épanouissement personnel dans le travail.

Guider chacun, vers un double rôle de bénéficiaire et de contributeur proactif d'un bien commun relationnel intégrant le travail, est l'enjeu d'une évolution, souvent même d'une révolution, des pratiques managériales à tous les niveaux. Mon expérience, dans des contextes variés et dans de multiples pays, m'a apporté une conviction précieuse, valide pour de nombreuses personnes. Je l'appelle le « principe de bonne volonté » : Chaque personne est prête à investir le meilleur d'elle-même dans un projet ambitieux, pour peu qu'on lui offre un contexte favorable. C'est sur cette base que se construit le bien commun relationnel.

Il s'agit bien sûr d'un lien nécessitant d'être régulièrement nourri. Semblable à un arbre fruitier, le bien commun relationnel est le résultat de soins attentifs dans la durée, avec des étapes progressives et tout en maintenant, la confiance dans le résultat à venir. Les contributions interactives, les apports positifs augmentent sa vitalité. Préserver le bien commun du dépérissement est insuffisant, sa nature impose de le faire grandir durant des années avant qu'il ne devienne robuste. Et, même vigoureux, il reste sensible à toute dégradation de l'environnement humain qui le nourrit.

Reconnaître les trois liens

La relation entre un manager et ses équipiers se joue à plusieurs niveaux. Tout simplement, il se manifeste d'abord dans la courtoisie et la convivialité ; même assez bref, il peut s'avérer sincèrement humain et empathique.

Apparaît le second lien par lequel le manager, responsable de la performance collective, s'intéresse directement aux résultats. Attention, à la forme, car ce lien peut rappeler un strict « command & control » taylorien.

S'y ajoute enfin le troisième lien le plus important, souvent négligé, et qui ouvre des espaces de progrès substantiels : celui entre le manager et le professionnel. L'intérêt se porte ici explicitement sur le travail lui-même, ce à quoi il contribue, ainsi que sur les compétences et l'engagement que le collaborateur y apporte.

Pour chacun des trois liens envisagés, la dimension de subordination, inscrite dans le code du travail et autrefois si prégnante, a déjà largement volé en éclats au profit d'une dimension incontournable de coopération. Le triple lien présenté ci-dessus se condense alors en un tout unique où tous les aspects s'intègrent dans une relation plus profonde de confiance personnelle et professionnelle.

L'entreprise recherche plus d'engagement, plus de coopération, plus de créativité. Les personnes souhaitent plus de transparence, plus d'autonomie, plus de sens. Les deux sont possibles ensemble ! Chaque interaction entre le manager et son équipe ou un équipier est une opportunité de faire progresser le lien interpersonnel et la performance commune.

Ainsi, la mission du manager devient : « *forger une dynamique d'engagement proactif de tous pour une ambition commune.* » Aux activités techniques, répond une démarche relationnelle : une approche cohérente mène à un bien commun relationnel, une interdépendance dynamique, formidablement puissante, dans laquelle chacun se considère, tous les jours, solidairement acteurs de performance et de progrès. Quelle que soit votre ambition de manager, vous ne pourrez obtenir plus que ce que la relation permet.

Des pratiques simples, adoptées avec conviction

Limitons-nous à un exemple. Cette belle E.T.I., limitée en surface, souhaite augmenter son activité de 20% à effectif constant. C'est techniquement faisable, mais cela nécessite une forte coopération entre les départements, qui n'existe pas encore.

À côté d'évolutions techniques, Lisa, DG, propose à son Comité de Direction de pratiquer un « temps méta » en fin de réunion hebdomadaire.

Chacun est invité à partager avec ses collègues : des commentaires, des points positifs et des suggestions concrètes d'amélioration de leur fonctionnement collectif, se basant toujours sur des observations précises. Le démarrage est un peu timide, mais l'attitude positive et attentive de Lisa aidant, la pleine puissance est atteinte en deux mois seulement. Après une année de pratique, Lisa estime que ce rituel des temps méta collectifs est le moteur le plus puissant de l'évolution de son Comité vers une coopération confiante et transparente. Ce rituel se diffuse peu à peu à tous les niveaux et se traduit en progrès spectaculaires de performance et du plaisir au travail de tous !

Pour une équipe, apprendre à observer sans a priori ses propres fonctionnements, puis s'attacher à les améliorer sans fin, représente un extraordinaire moteur de cohésion.

Relation positive aux circonstances, relation positive au futur et relation positive aux personnes sont les trois composantes d'un leadership stimulant et puissant. Ce futur peut être ambitieux : ne limitez pas vos projets à ce qui est déjà accessible, c'est en chemin que toutes les possibilités se dévoileront. Cultivez des rêves et n'hésitez pas à les partager !

Quand la socio-perception émotionnelle enrichit la compréhension

« *Comment apprendre à se connaître soi-même ? Par la méditation, jamais, mais bien par l'action* » conseille Gandhi. L'entreprise, une équipe avec son manager, est un système humain complexe, où les causes et les effets sont intriqués dans des logiques circulaires indissécables. Agir sur le système engendre des déséquilibres créatifs, puis à discerner et accompagner en souplesse leurs effets réels. La perception émotionnelle du manager, ajoutée à sa compréhension intellectuelle, lui permettent de « sentir » les dynamiques sous-jacentes, puis d'adapter son comportement afin d'insuffler un rythme aux évolutions vers le bien commun relationnel.

La complexité du vivant s'incarne dans un arbre-de-bien-commun-relationnel. Abondance de fruits-de-performance et bien-être dans l'entreprise s'alimentent l'un l'autre.
Le temps et les soins en ont fait plus qu'un arbre, c'est tout un écosystème vivant, agile et robuste qui se révèle. Chaque fruit à maturité peut produire une nouvelle pousse qui s'épanouira dans un nouvel arbre-de-bien-commun-relationnel, lui-aussi chargé de fruits...
Le manager-jardinier reste bien sûr partie prenante, mais il peut regarder d'un peu plus loin, ses interventions restent essentielles, mais plus légères et moins fréquentes. Il veille.

Ch.Maisonneuve ; illustration Bleuenn Maisonneuve

C'est au manager qu'il revient d'initier le changement par sa propre transformation en commençant par sa relation avec... lui-même ! Sa musique intérieure lui permet de prendre conscience de l'ambition sincère qu'il a pour son équipe ou pour son entreprise. La cohérence autour d'une ligne de force constante n'est d'ailleurs pas contradictoire avec une évolution ; il est donc sain pour lui de réévaluer de temps en temps ses raisons d'être professionnelles et, le cas échéant, leur redonner une vigueur renouvelée. Ce sont ses actions, leurs effets et les leçons qu'il en tire qui alimentent une réflexion intime d'où naît la force de son engagement, la source de son authenticité, de sa confiance en lui et, finalement, de son autorité.

Chaque façon de relâcher des espaces d'autonomie engendre de nouveaux déséquilibres systémiques et cadence une musique relationnelle, source pour tous de mouvement, de liberté et de vie. **Le rêve de bien commun relationnel rythme la danse avec la complexité.**

Chapitre 5
À la rencontre du Féminin Sacré
Que devient le Leadership des Femmes ?

Danièle DARMOUNI & Julia HADDAD

Comment transmettre ce que nous avons reçu aux femmes qui recevront cette parole et la transmettront à leur tour ?

Nous avons demandé aux femmes que nous avons accompagnées de témoigner, merci aux 9 qui ont répondu dans ce chapitre, écrit à 22 mains. Le 22 possède une belle énergie reliée à l'intuition, à la capacité de comprendre, d'appréhender le monde à condition de ne pas écouter nos peurs et nos blocages. Cette énergie nous est donnée pour construire avec et pour les autres.

Nous souhaitons éclairer le leadership des femmes afin de contribuer au devenir de l'histoire des femmes qui depuis l'homme des cavernes n'est pas glorieuse, ni pour les femmes ni pour les hommes.

J'ai eu le bonheur d'accompagner de nombreuses personnes dans un Voyage à la rencontre de leurs énergies archétypales du masculin et du féminin : le féminin porte l'énergie du *Recevoir* et du prendre soin de ce qui lui est confié, de le régénérer ; le masculin porte l'énergie du *Donner* et du prendre en charge ce qu'il y à faire. Les archétypes, selon Jung, sont des schémas culturels profonds qui imprègnent notre inconscient collectif.

Souvent, en entreprise, le principe masculin est survalorisé : se battre, gagner, contrôler. D'autres organisations vont dans l'excès du principe féminin : ne pas oser dire, difficulté à gérer sereinement les conflits. Une troisième voie, plus rare, est possible. Des hommes et femmes leaders savent trouver le juste équilibre entre intuition et raison. Ils font danser féminin et masculin en alternance et en alliance.

La tradition biblique nous livre une perspective complémentaire. Pour conjuguer un mot au féminin, l'hébreu ajoute la lettre Hé. Quel est le sens de Hé dans l'alphabet hébraïque ?

Son symbolisme est intimement lié à la respiration : il s'agit de la laisser entrer en soi, ce qui nécessite l'abandon, le renoncement et le lâcher-prise. La lettre Hé, quand on la prononce, est comme un souffle, un mouvement imperceptible et vital. L'énergie du féminin a cette capacité de ressentir le plus subtil : entendre les non-dits, voir ce qui n'est pas visible.

« *Je peux témoigner de l'enfermement de certaines « guerrières », dont moi, au bord de l'épuisement ou de leur difficulté à accepter une promotion qui correspondait à leur talent. Les jeunes femmes partagent régulièrement leur peu d'envie de devenir « un mec ou une salope » pour réussir. Au-delà de victime, agressive, manipulatrice ou bonne élève adaptée, quel style de leadership choisir afin de rayonner un souffle créatif, porteur de vie ?* » Danièle Darmouni

À la rencontre de son Féminin Sacré

À ces femmes qui désirent offrir leur différence, nous avons proposé de rencontrer des archétypes incarnés par les déesses grecques. Ces déesses font partie de mon adolescence.

Écouter ces déesses, c'est découvrir en soi une source fertile, tapie dans l'ombre, pour renaître… En femme « sauvage », libre des conditionnements. Une femme qui saura co-créer sa façon d'être unique, synthèse de ses polarités en mouvement.

L'expérience s'ouvre avec le recueil de questions brûlantes :

M'autoriser à incarner ma féminité dans mon métier ? Concilier aspirations personnelles et professionnelles ? Sortir de l'ombre et m'exprimer ? Rééquilibrer le tandem aux côtés des hommes ? Déverrouiller mes inhibitions ? Oser être soi sans culpabiliser ?

Nous avons imaginé une odyssée initiatique afin d'éveiller les forces instinctives en sommeil en nous-même et de proposer notre contribution singulière. Parce que la fraternité se conjugue au féminin, nous avons voyagé en expérimentant la puissance de la « sororité ».

« *Des rencontres surprenantes, bouleversantes, joyeuses, qui nous font avancer sur notre chemin de Femme et oser Être dans notre globalité. La puissance de ce cercle de sororité raisonne au-delà de l'instant et du lieu ; il diffuse et rayonne avec des liens imperceptibles. Du « Je » au « Nous » dans toute sa simplicité et toute sa puissance.* » Agnès Marchand

OSER l'EROS en ROSE

Quelles sont les forces invisibles à l'origine de nos choix ? Interrogeons nos croyances, nos souvenirs ou ce que vivent nos enfants. Une petite fille se doit d'être jolie, gentille, sage, altruiste… Le petit garçon est nourri d'histoires de chevaliers, de cow-boys, de corsaires, tout ce qui donne envie de conquête. Pendant ce temps, les petites filles sont bercées par des histoires de princesses à libérer. Cela, construit-il les mêmes rêves ou les mêmes ambitions ?

Une autre voie est possible. Ainsi, Monique Daigle nous parle d'Ève : « *Ève, ma petite-fille de 9 ans, passe quelques jours avec nous. Je lui propose un matin de tirer une carte du jeu de la Femme Sacrée. J'avais transformé chaque carte en « déesse du jour » pour nous accompagner dans la journée : la déesse de l'imagination, de la joie, de l'aide, etc. Chaque matin, elle me demande de tirer une carte. Nous parlons de notre déesse et sourions ensemble. C'est devenu notre rituel... sacré. Ma petite-fille porte bien son nom : Ève, mère du vivant en nous.* »

Femmes de pouvoir ou Puissance des femmes ?

Pouvoir ou Puissance ? C'est tout l'enjeu de notre démarche avec les femmes Leaders qui aspirent à diriger autrement.

« *Un avant et un après le voyage au cœur du féminin sacré. Une prise de conscience de qui je suis et de ce que je veux et peux apporter au monde. Prendre soin de mon énergie pour en distiller le meilleur au monde. Reconnaître la puissance du colibri qui sommeillait en moi.* » Martine Prigent

« Notre *féminin est partie intégrante de nous toutes et de nous tous. Nous le vivons, nous le subissons, nous l'utilisons, nous le sublimons, nous le refoulons, nous le développons, nous le malmenons, tout comme notre côté masculin. L'utiliser, non pour se venger d'un passé patriarcal, mais pour inventer avec les hommes et non contre eux, un avenir apaisé et harmonieux. Notre fantastique pouvoir d'enfanter devrait nous aider pour dépasser les rancœurs, aussi légitimes soient-elles, pour construire un avenir plus équilibré où la complémentarité sera célébrée et recherchée car créatrice. Osons notre leadership pour construire ce nouveau monde au lieu de perdre notre énergie sur des combats finis.* » Michèle Oberto

La féminité est souvent associée à la vulnérabilité que beaucoup de femmes rejettent. Et si l'acceptation de sa vulnérabilité était un signe d'amour de soi et de confiance ?

« *J'étais une amazone. Aujourd'hui, je peux accepter ma vulnérabilité et l'accueillir comme une force. Ma puissance se nourrit d'actions. Récemment, j'accompagnais une équipe de 7 hommes dans le monde des travaux publics, je me suis retrouvée à en appeler à leur énergie féminine pour s'écouter et accueillir la parole des uns et des autres, laisser émerger ce qui vient, de nouvelles pistes d'actions. Leur surprise fut à la fois grande et efficace.* » Lito Achimastos

Beaucoup ont le courage de changer radicalement de cap professionnel. Elles osent défendre leurs convictions et leurs engagements. Elles osent repousser les frontières du politiquement correct, au risque de choquer dans un monde aux codes masculins implicites.

« *Ce voyage m'a permis de me reconnecter à une partie profonde de ma personnalité que j'avais perdue de vue, prise dans le flot du rythme, du quotidien... Ce fut un moment privilégié, redonnant vie à une dimension en sommeil, comme la corde d'un violon ou le son d'une voix qui n'aurait plus joué de musique depuis très longtemps. Il est important de prendre autant soin de sa part féminine que masculine. Ce voyage vers le féminin sacré nécessite de nettoyer les ombres de son masculin.* » Aude Rouyer

Les femmes sont dans une quête de sens, de liberté, d'équilibre. Le plafond de verre existe, implicite, invisible. Il existe aussi dans nos têtes. Pour le franchir, cultivons la co-responsabilité. Faire partie d'un problème, c'est aussi détenir les clés de sa solution.

« *Vivre l'aventure de découvrir sa déesse intérieure est un moment de sororité intense et joyeux pour retrouver les nombreuses facettes présentes en moi. Être plus sûre, oser me montrer telle que je suis dans ma féminité, devenir plus stratège, faire mes choix de vie pour me réaliser. J'ai demandé à certaines facettes de laisser un peu de place : ainsi, la mère accepte de lâcher un enfant devenu adulte pour créer une nouvelle relation.* » Michèle

Les femmes sont parfois tiraillées entre l'envie d'y aller et la peur de ne pas être à la hauteur. Une voix intérieure chuchote : « Est-ce que je mérite vraiment ce poste ? Comment tout concilier ? » Pourtant, personne ne sait faire avant d'être en situation de faire. Une femme doit pouvoir dire « Oui » avec confiance quand un poste clé lui est proposé. Ce n'est pas une faveur, mais une attestation de ses talents.

« *Qui suis-je au plus profond de moi, une fois ces couches de protection retirées tel un oignon que l'on pèle ? Mon essence féminine se trouve au centre de moi-même, telle une source de vie. Certes, mon mental cherche à me faire douter, trouve des excuses et donne des explications rationnelles. Je suis souvent persuadée de prendre des décisions en connaissance de cause et de faire de véritables choix. C'est une illusion. Il n'y a pas de véritable choix, pas d'authentique décision sans connexion à soi et à sa source vibrante de vie. J'ai réalisé que je pouvais être beaucoup plus puissante en étant dans la réceptivité de mon féminin. »* Stéphanie Gilot

Toute femme peut être puissante si elle le désire. Comme l'Albatros de Baudelaire, hésitant qui a du mal à décoller, mais qui devient puissant et majestueux, lorsqu'il décide de prendre son envol.

« Sur le chemin, je me suis trouvée. Il me manquait le pas-sage. Le courage d'explorer mes ombres et lumières, de revisiter mon histoire, d'honorer mon héritage et d'assumer ma singularité. Cette expérience me donne l'impulsion de créer IDALEPH pour accompagner les dirigeants et leurs équipes dans leur démarche d'excellence et de réinvention joyeuse. Aleph symbolise le début du chemin et le chemin lui-même. En chacun de nous-même et au cœur de nos entreprises, nous portons les étincelles créatrices du renouveau ... Lorsqu'il y a une volonté, il y a un jour pour décider d'y aller. C'est maintenant que tout commence ! » Julia Haddad

Ces femmes de tout âge, de toute culture se sont reconnectées à la puissance de leur féminin sacré en lien avec leur dynamique de vie et leurs enjeux professionnels.

Elles nous livrent les 8 étapes qu'elles ont franchies ensemble :

- Reprendre la responsabilité de sa destinée : se poser à l'origine de ce qui nous arrive.
- Se mettre à l'écoute de ce qui appelle ailleurs, aujourd'hui.
- Revisiter ses comportements à la lumière des archétypes ; en intégrant les trésors.
- Se rencontrer, écouter les manques, les « Trop », les fantasmes, leur essence profonde.
- Se réapproprier son histoire et laisser partir les épaves de nos fêlures en les honorant.
- Dialoguer avec ses forces instinctives, inscrites dans la mémoire du corps, les honorer puis les incarner dans nos vies de femmes au quotidien.

- Activer la danse du féminin et du masculin et harmoniser nos aspirations et nos actes afin de rencontrer l'autre, l'Homme multiple lui aussi.
- Déployer notre sensation d'être en contact avec le vivant.

En rassemblant les fragments de ce voyage, chacune de nous construit en soi un nouvel état de curiosité, de joie, d'émerveillement et d'audace. L'(Im)possible devient…un Possible !

« Comment aller vers mon leadership sacré et me connecter à ma lumière ? Quel cadeau vais-je pouvoir faire à mes femmes élues ? J'ai participé à un beau voyage d'introspection : je prends possession de mon histoire et le leadership de ma propre vie. Ma phrase de puissance : "un pas, encore un pas, c'est un pas de gagné ! Libre, je suis libre ! » Arlette Pujar accompagne des femmes élues en Martinique.

Ce voyage initiatique n'est-il pas davantage un retour qu'une découverte ?

Chapitre 6
La paix en héritage
Comment parler à nos enfants ?

Danièle DARMOUNI

L'idée de ce chapitre m'est venue à l'écoute de Catherine Guegen[16]. Ce texte est dédié à **ceux qui éduquent les enfants dès leurs premiers mois et aux adultes souhaitant promouvoir la fin de la violence dans leurs relations**. Il ne s'agit pas de culpabiliser parents et enseignants. « *Il n'est jamais trop tard pour avoir eu une enfance heureuse* » disait Milton Erickson. Nous verrons comment un peu plus loin.

Que se passe-t-il lors d'une rencontre dès notre plus jeune âge ?

Nombre de molécules, cellules, circuits du cerveau sont dévolus aux relations affectives et sociales. L'être humain est une seule et même entité comprenant le corps, la vie affective et l'intellect qui interagissent en permanence. Tout ce que nous vivons dans notre corps influence nos relations et inversement, les événements sociaux ont une incidence sur notre cerveau, dans une logique circulaire.

Catherine Guegen éclaire le lien entre le climat affectif, qui entoure l'enfant pendant la gestation, puis jusqu'à 7 ans, et le développement de zones de cerveau cruciales pour nos aptitudes relationnelles. Au-delà du développement affectif, une ambiance sécurisante et bienveillante est indispensable au développement complet du potentiel de son cerveau. Un petit d'homme apprend tout ce qui en fera un véritable humain, dans l'échange incessant avec son entourage.

Les premières années, jusqu'à 6 ou 7 ans, sont de véritables fondations sur lequel s'enracine toute la future existence. Pendant cette période, l'enfant est malléable et influençable. Son cerveau immature, est en pleine formation. Étant donné son étonnante plasticité, il enregistre, à une vitesse folle, dans ses nouveaux circuits, tout ce qu'il vit, que ce soit positif ou négatif.

« *Tant que son cerveau n'a pas atteint sa pleine maturité, l'enfant éprouve des difficultés pour maîtriser ses réactions émotionnelles ou*

[16] Catherine Guégen : « Pour une enfance heureuse – Repenser l'éducation à la lumière des dernières découvertes sur le cerveau » Ed Pocket chez Robert Laffont – 2014.

affectives. » Une équipe de chercheurs[17] de l'université de Harvard, montre que le cerveau des enfants et des adolescents est particulièrement vulnérable. « *La maltraitance retentit sur le développement global de leur cerveau et donc sur leur intelligence relationnelle et cognitive.* »

Le cerveau pèse 400 grammes à la naissance, un kilo à 2 ans, un 1,4 kilos à l'âge adulte. Tous ses circuits se créent avant 2 ans à travers la relation et le lien d'attachement. Le tout petit bouillonne de vie, lorsqu'il est envahi par l'émotion, ce n'est pas qu'il ne sait pas ou ne veut pas, c'est qu'il ne peut pas. Ses réseaux cérébraux ne sont pas encore suffisamment structurés.

Pour un adulte, il est plus facile de s'imaginer que c'est l'enfant qui « pose problème » et non la relation qu'il a avec lui. Or, la plupart des difficultés viennent du manque d'échanges affectueux. Ne pas accuser l'adulte, mais comprendre que lorsque l'enfant ne va pas bien, souvent la relation n'est pas pertinente pour cet enfant-là, dans cette situation. Et surtout ouvrir à d'autres manières d'être avec les enfants.

Nos premières années peuvent influencer nos comportements adultes. L'attention, de paroles chaleureuses et fermes, permet à l'enfant de développer sa confiance. L'enfant libre d'explorer, aimé, conforté, compris et écouté, sera en sécurité et le restera, sauf s'il lui arrive par la suite un gros traumatisme.

Sans attention suffisante, l'enfant se coupe de ses émotions et sensations pour moins souffrir. Par la suite, son attitude sera orientée vers le déni et le zapping relationnel, un évitement de l'attachement.

Lorsque l'enfant ne reçoit pas de manière constante ce dont il a besoin. Anxieux sur la suite de la relation, l'adulte ne se sentira pas vraiment en sécurité dans ses rencontres.

Si le parent survalorise l'enfant excessivement et a baissé les bras sur la transmission du respect des autres. Le comportement sera autocentré, abusif et déçu dans ses relations adultes.

Lorsqu'un parent se montre attentif et présent à certains moments, mais terrifiant à d'autres. L'enfant recherche le lien, mais celui-ci le terrorise, pris dans des injonctions paradoxales et sans cadre continu, il ne sait comment agir. Adulte, il fera, inconsciemment, tout pour « saboter » ses relations par sa propre inconstance.

---

[17] Tomoda, 2009.

Quel est l'impact sociétal ?

« *Tout le monde parle de paix, mais personne n'éduque à la paix. On éduque pour la compétition et la compétition marque le début de toutes les guerres.* » Maria Montessori.

Catherine Guegen nomme *violence éducative ordinaire*, l'usage de la contrainte physique ou psychique pour obtenir d'un enfant un résultat : quelque chose à faire ou à ne pas faire, à dire ou à ne pas dire pour être accepté.

Cette violence, nous l'exerçons avec de bonnes intentions : le souci de transmettre le goût de l'effort, l'envie d'apprendre, le besoin légitime de fixer des limites, d'apporter un cadre et de la discipline. Ce modèle d'éducation - punition & récompense - créé souvent l'inverse de ce que nous souhaitons pour nos enfants. Demander aux enfants d'agir en fonction de cette violence, construit un monde dont les acteurs reproduiront les rapports de force dans lesquels nous avons été élevés : domination, soumission, si je ne suis pas d'accord, **la seule façon de résoudre le conflit, c'est de m'écraser où d'écraser.**

Pourquoi la violence éducative est-elle encore si courante ?

Selon l'épigénétique, on trouve les traces du vécu d'un individu dans son organisme et dans sa descendance. Notre personnalité est le résultat de ce qui a été vécu par ceux qui nous ont précédés et éduqués. Une compréhension émerge lorsqu'un parent ou un éducateur, observe comment sa pensée et son système de référence reproduisent sa propre éducation.

Cela me rappelle H, reconnecté avec les injonctions de son éducation, il s'est rendu compte qu'il reproduisait, ce qu'il avait subi enfant, avec son petit garçon de 6 ans. Les larmes aux yeux, il m'a partagé à la séance suivante : « *Cela a métamorphosé ma vie familiale et sociale* ».

« Percevoir en tout commencement, l'empreinte d'un tohu-bohu, une origine » nous dit François Roustang[18]. Il n'y a rien de définitif. **Nous ne sommes pas condamnés à reproduire ce que nous avons toujours connu**. Notre cerveau est plastique, capable de nouvelles connexions ou de suppression de circuits sous l'effet d'expérience, et cela durant toute la vie.

Réparer les blessures d'attachement est possible afin que chacun puisse se sécuriser lui-même au lieu de dépendre d'autrui. Catherine

---

[18] François Roustang, La fin de la plainte » Odile Jacob. Paris, 2000.

Guegen nous donne des clés pour pacifier nos relations, donc la vie de la société.

Première clé, observer nos drames intérieurs et ne plus s'identifier aux histoires et aux drames extérieurs. Tant qu'on ne sort pas du besoin que l'autre guérisse nos blessures, on reproduit. Nous parvenons à l'âge adulte avec un besoin en creux de reconnaissance. En pilotage automatique, il nous manque un nouveau mode d'emploi relationnel. Parfois, la trace est dans notre loyauté inconsciente aux secrets de nos aïeux. Le « bon vieux temps » est riche de guerres et de massacres. Démêler les écheveaux de nos héritages familiaux est essentiel pour ne pas les transmettre à nos enfants et petits-enfants : : garder les « trésors » et laisser partir au compost les douleurs, chagrins et colère de nos Anciens.

L'accueil de notre histoire par un témoin qui ne nous juge pas, une écoute, dans une présence douce, est un temps fabuleux de consolation[19], de réveil et de libération de tout ce qui est en nous. Cette rencontre devient alors le terreau de la résilience et de l'accomplissement de chacun. *« Le traumatisme n'est pas l'épreuve, mais c'est de rester seul avec le vécu de cette épreuve. »* [20]

Patience, tendresse, disponibilité, présence tout cela s'apprend pour comprendre les mécanismes d'action réaction de l'enfant, les fuites, les bouderies, l'agressivité, les silences. Selon François Roustang *« préparer un faire autrement, nécessite un retour à l'origine de nos actes, une remontée à la source... À tout moment, nous sommes entraînés dans la descente du fleuve... À tout moment aussi, nous pouvons revenir au premier jaillissement. Recommencer comme si c'était le premier instant. Comme si le monde nous apparaissait pour la première fois. »*

La seconde clé, implique une mutation de notre pensée. Accepter que dans notre culture, malgré nos bonnes intentions, la violence s'infiltre dès la naissance. Cette violence, subie dans l'enfance, reste encore tabou, ça n'existe pas. C'est ainsi que nous entretenons ce que nous prétendons combattre.

---

[19] Christophe André, Consolations, celles que l'on reçoit et celles que l'on donne, Ed Iconoclaste, 2022.

[20] Christiane Singer : Où cours-tu ? ne sais-tu pas que le ciel est en toi ?, Albin Michel – Poche.

L'enfant se contrôle mal et la relation avec lui devient souvent très conflictuelle. Quand l'adulte réalise que son comportement est en partie dû à l'immaturité du cerveau, il comprend que l'enfant ne le fait pas exprès. Rassuré, il peut adopter une attitude souple, plus adaptée à son âge.

La troisième clé, en cas de dérapage émotionnel, est d'oser dire : « Je ne suis pas parfait(e) et lorsque je suis fatigué(e) ou inquiet(e) ou que j'ai oublié de respirer avant de rentrer, je peux péter un câble. Tu n'y es pour rien, je t'aime et je te demande de me pardonner. » Le plus souvent dès que l'adulte change d'attitude et d'altitude, les difficultés de l'enfant disparaissent comme par enchantement. Une parole du cœur permet de libérer des blessures reçues. C'est aussi vrai au niveau de la société, cela permet résilience, réparation et pardon des générations précédentes.

La quatrième clé est de se rappeler que si l'affection est indispensable, elle est insuffisante. L'enfant a besoin d'adultes qui lui montrent le chemin avec une présence chaleureuse. Présence reflétée par les mots, l'attitude, les gestes, le regard, le ton de la voix. L'adulte est alors un guide pour l'enfant. Il sait dire « Non », donner du sens au cadre, il le fait avec douceur et affection. Enfin, quand l'adulte éveille l'enfant au monde, en l'encourageant à l'explorer à le découvrir, il l'entraîne et le soutient dans son plaisir de grandir. Transmettre l'envie de vivre chez l'enfant est une richesse inestimable pour sa vie présente et future. Il saura parcourir son existence lui donnant du sens en dépit d'épreuves.

La Fondation SEVE[21]– Savoir Être et Vivre Ensemble - que nous soutenons depuis plusieurs années, présidée par Frédéric Lenoir, anime des ateliers de philosophie et de pratique de l'attention pour les enfants et les adolescents. SEVE participe ainsi, par le biais de l'éducation, à la construction d'un monde plus apaisé.

Dès le primaire, la pratique de l'attention rend présent à son corps et davantage attentif à soi et aux autres. La dimension cœur s'exprime, à travers la relation bienveillante, fondamentale pour l'estime de soi, le bien-être et la résilience au cours des apprentissages. L'enfant se sent respecté dans ses besoins fondamentaux, sécurisé, écouté, compris, accueilli dans sa singularité, toujours considéré, comme un interlocuteur valable. Il acquiert les bases de la communication sans violence, de la confiance en soi et en l'autre pour construire ensemble

[21] 1 Euro de chaque livre vendu sera transmis à SEVE pour poursuivre son œuvre dans ces temps difficiles.

et sortir des relations de compétition ou de domination. Ce trépied, tête-corps-cœur[22], est l'ADN SEVE, c'est aussi celui d'International Mozaik….

Comment encourager un enfant ?

En le regardant autrement, *pas seulement comme un élève*, en lui prodiguant des encouragements ludiques, on l'aide à s'élever. La survalorisation n'aide pas, elle donne une estime de soi gonflée à l'hélium. Mettre l'accent sur des faits concrets : le gratifier quand il est créatif ou attentif aux autres, joyeux, généreux… Si l'enfant se sent évalué uniquement sur ses réussites scolaires et ses performances, il aura la sensation de n'être rien s'il ne réussit pas brillamment.

La co-création ou la lecture de Contes, transmet qu'en dépit des difficultés, nous avons des ressources pour franchir les obstacles. L'univers des Contes invite, à travers la symbolique, à renforcer notre désir de vie et à oser explorer de nouveaux chemins pour nous réinventer.

Je reprends pour conclure les mots de Thomas D'Ansembourg dans sa préface :

« Je souhaite que ce livre aide ceux qui souhaitent une vie meilleure pour eux-mêmes, comme pour leurs contemporains, à mieux comprendre encore l'humain en eux-mêmes et en l'autre, afin que nous puissions honorer de plus en plus la vie des enfants dans ces étapes. Nous enchanter d'être vivants ensembles et apprendre à nous aimer sans condition. »

---

[22] Cf, chapitre 1.

Chapitre 7
Apprendre des jeunes
Quel nouveau pacte ?

Sophie CHAIX

En 2020, lors du premier confinement, alors que le distanciel apparaît comme la seule alternative, mes modestes connaissances dans le digital se trouvent mises à rude épreuve. Ma légitimité, jusque-là acquise, prend du plomb dans l'aile. J'ai un doute sur ma capacité à transformer l'essai technique.

Ma fille Eléonore, 23 ans, revenue se confiner « à la maison », prend les choses en main. Elle renverse mes questionnements, me confronte, ne saisit pas mes hésitations, pour elle, c'est une évidence : le digital est incontournable ! Elle devient mon Mentor pendant cette période chahutée et son expertise me fait faire un saut que je n'aurais pas imaginé. C'est ma première approche du Reverse Mentoring, qui m'ouvre des horizons insoupçonnés. Cette génération devient le sujet passionné de mes recherches. Je réalise combien elle représente l'enjeu de nos transitions et transformations à venir. Cette jeune génération souffre de ce temps d'isolement, cette jeune génération dont on doit prendre soin pour nous préparer avec elle à opérer les transitions et nous engager sur les impacts sociétaux de demain.

Saurons-nous nous laisser apprendre de ces jeunes, qui prennent les commandes de nos organisations, qu'ils considèrent comme lieux forts d'apprentissage collaboratif ? Quel nouveau pacte pouvons-nous imaginer ensemble ?

Pour répondre à ces questions, j'ai interviewé trois personnes, Céline, Stéphanie et Antoine. Céline, 30 ans, vient d'être nommée à un poste de Responsabilité au sein d'un grand groupe comme Directrice Achats Commodités Global ; elle manage une équipe de seniors, experts dans leurs domaines. Stéphanie a vécu une expérience forte de Reverse Mentoring à la Direction Générale d'une banque. Antoine, 28 ans, a conçu son entreprise, il développe une philosophie décoiffante du « numérique alternatif ». Merci de ces moments d'échanges riches et apprenants.

Pour imaginer et sceller un nouveau pacte avec les Jeunes, je vous propose trois pistes de réflexion, complémentaires et indissociables : relation à soi, relation aux autres, relation au Monde.

Relation à soi

Dans *Un voyage vers soi*, Frédéric Lenoir, sur la pensée de Jung, propose un voyage intérieur pour devenir pleinement soi et accéder à un sentiment d'unité et de joie profonde. La relation à soi demande de prendre soin de son histoire de vie, de ses blessures, de ses désenchantements. Les Jeunes, aujourd'hui, même si l'avenir s'ouvre devant eux, sont confrontés à un schéma sociétal inédit qui les isole, qui les plonge dans une complexité dont ils représentent les premiers acteurs, qui les invite à innover.

Antoine, au moment où il affirme ses choix de vie grâce au *How to pick a career that actually fits you ?* by Tim Urban (2018), retient, au risque de renoncer à beaucoup de choses, deux éléments essentiels : être moi-même et apprendre tous les jours. Il prend soin de ce qui est essentiel pour lui.

Stéphanie, dans une période de sa vie en énergie basse, se laisse protéger et apprendre de personnes plus jeunes dans son organisation. C'est un lâcher-prise dans cette période de rupture, pendant laquelle elle s'accorde le droit d'énoncer des questions, d'oser. C'est grâce à sa confiance dans les autres qu'elle va reprendre confiance en elle.

Céline a été choisie pour ses compétences. Elle n'est pas là par hasard. C'est une des plus jeunes directrices de la division, c'est un poste global : tous les indicateurs sont au vert. En s'autorisant, lors de séances d'accompagnement en coaching, à poser un éventuel complexe vis-à-vis de son âge, elle a pu dépasser ses doutes. L'âge ne représente pas un obstacle, mais peut en revanche devenir une force, en étant apprivoisé.

« *M'autoriser à être moi, à construire un parcours singulier me ressemblant, piocher dans une variété d'environnements différents les apprentissages qui permettront de développer mes forces et mes talents* », telle est la devise des Jeunes que le pacte doit faire sienne. Attirer et conserver de jeunes talents dans l'organisation, c'est ouvrir, par le pacte, l'interface entre la singularité de chaque talent et l'engagement sur les enjeux de l'organisation.

Relation aux autres

L'ONG « Youth For Ever », fondée par Emmanuelle Duez, souligne la responsabilité des entreprises : à court terme, la jeunesse a besoin de l'entreprise pour réparer les conséquences de la crise, à moyen terme.

Elle a besoin de l'entreprise pour la préparer aux défis à venir, à long terme et c'est dans 5 à 10 ans (!) et l'entreprise a besoin de cette jeunesse pour venir opérer les transitons sociales, environnementales qui sont déjà en œuvre.

Stéphanie, dans son expérience de Reverse Mentoring, témoigne d'un « *Leadership de complémentarité. Un grand cadre de sécurité est posé qui permet à chacun d'avoir sa place.* » C'est Aurélien, 24 ans, qui lui propose des solutions, en posture basse. Depuis son retour à la Direction Générale, Stéphanie reçoit des feedbacks valorisants : cette expérience immersive l'a fait grandir, lui a donné de l'assurance, a renforcé ses compétences. Elle a de nouvelles clés pour décoder son environnement et les enjeux de l'organisation.

Grâce au reverse mentoring ou innovation managériale intergénérationnelle, grâce à cette pratique collaborative d'apprentissage, de jeunes salariés sont associés à chaque membre du COMEX. La multiplication des Shadow Comex ou Shadow Codir dans les entreprises témoigne effectivement de cette prise de conscience de la nécessité de dépasser les oppositions apparentes pour arriver à générer des idées nouvelles. Parfois, des modifications touchent même au business model de l'organisation !

Céline confie que c'est grâce à sa relation de parité avec son N+1, qu'elle peut traverser cette période extrêmement complexe et prendre sa place au sein de cette nouvelle équipe. Relation de parité où l'on peut échanger, oser partager ses doutes et ses questionnements, valider une décision stratégique. C'est la reconnaissance et la confiance de son organisation qui entretient sa soif de challenge. Ce pacte managérial a su lui accorder de l'autonomie, lui a permis de se faire confiance et de se responsabiliser.

Le Leadership pour Antoine est aussi dans la complémentarité avec Kevin son associé : « *Kevin a 32 ans, il est plus expérimenté que moi : nous sommes complémentaires avec des recoupements. Nous faisons du ping-pong, nous aimons rebondir sur l'idée de l'autre. Nous avons appris à bien comprendre l'autre, nous ne sommes pas propriétaire d'une idée, notre projet est commun. Notre processus de décision repose en grande partie sur l'intuition : si l'intuition me dit à 80 % d'y aller, on y va, et on prototype !* »

Complémentarité, innovation, *test and learn* sont mis au service d'un projet plus grand qu'eux.

Imaginer un nouveau pacte intergénérationnel, c'est partager le pouvoir, la responsabilité, le savoir. C'est imaginer l'organisation comme une grande plate-forme collaborative et apprenante, où chacun apporte et reçoit dans une relation de complémentarité et de parité. La vision d'Antoine va même beaucoup plus loin, car pour lui, il n'y a plus de frontières entre la vie professionnelle et la vie personnelle. L'un vient nourrir l'autre et inversement.

Relation au monde

Les Jeunes ont besoin de s'engager sur des impacts sociétaux. Créer un nouveau pacte, c'est intégrer une dimension qui dépasse ce pacte. Le pacte est le socle qui permet d'aller plus loin, plus haut, plus vite, plus large. Oser, c'est possible ! Au-delà de son expérience de *Reverse Mentoring*, Stéphanie souhaite contribuer à une mission « *au service de nos Jeunes.* » Décloisonner les talents, gommer les frontières de l'âge et faire vibrer la circularité pour créer une jolie farandole.

Aujourd'hui, Stéphanie a rejoint la Direction Générale. Elle expérimente aussi avec Helena une offre de coaching des Jeunes dans son organisation. Si cette expérience est concluante, elle accompagnera les alternants en embarquant leurs tuteurs dans sa vision par des échanges et de la pédagogie. Lorsque l'organisation est trop silotée, elle assiste à une hémorragie des Jeunes. Son Directeur Général Adjoint, qui est mentor d'un Jeune, se fait lui aussi mentorer par un Jeune.

Stéphanie voit loin et large pour sa mission auprès des alternants : son expérience lui montre que certains reviennent tôt ou tard vers la banque et que la circularité produit ses effets. Pour Céline, tout est envisageable : « *Osons enlever les limites, les barrières !* » Céline vise un élargissement de son périmètre à l'innovation. Elle souhaite contribuer à un changement au niveau de la mobilité dans l'écosystème de son organisation et ce challenge la motive, car il repose sur des interactions multiculturelles, intergénérationnelles et internationales. Oser s'opposer à la centralisation des GAFA vers un numérique alternatif pour Antoine ; un numérique « *chaud* » plutôt que « *glaçant ou froid.* » La transition digitale, peut-elle revêtir les couleurs de l'arc-en-ciel ?

Autant d'idées décoiffantes qui ont de l'impact ! J'en rajoute une : et si au lieu de parler de Jeunes, de Seniors, d'échanges intergénérationnels, nous parlions d'Apprenants, d'apprentissage ?

Il n'y aurait plus d'âge… Il n'y aurait que la VIE !

Ce que je souhaiterais que vous gardiez de ce chapitre, c'est l'immensité du champ des possibles, lorsque ce champ est soutenu et porté par un pacte innovant, qui sait reconnaître les vulnérabilités, les besoins et les forces de ses signataires. Signons ensemble, Apprenants, pour une nouvelle philosophie de la relation !

Chapitre 8
L'effet An nou fèy – faisons-le
Comment oser
au sein d'un réseau apprenant ?

Jacques CHRISTON & Yoranne CYRILLE

Autour de Jacques Christon, un groupe restreint s'est formé, fin 2021, animé par le désir de raconter la transformation amorcée par des pionniers leaders-coaches antillais, afin d'inspirer le « Tout monde » ?

Voici la source de notre motivation : « Nous avons pour ambition de faire émerger de la situation de crises à répétition - un modèle relationnel innovant, capable d'éclairer - au-delà des Antilles, en Métropole et dans le monde. Cette dynamique ferait de notre authenticité et de notre vulnérabilité de petits cailloux dans l'Océan, une force au service d'un devenir créole, à notre place, en pleine puissance dans le « tout-monde ».

Quelles pistes explorer pour les 30 ans à venir ?

Yoranne – Au-delà de notre fragilité, il y a une force, une puissante énergie qui peut être mise au service d'un devenir martiniquais et guadeloupéen, j'y vois une opportunité. Une étincelle de lumière passe à travers nos failles ! Si nous regardions ce qui se cache dans l'ombre des flammes et de la colère du peuple, pour rendre ce chaos fertile !

Au bord de l'effondrement, j'ai trouvé du souffle. Avec le Leadership du vivant®[23], l'inspiration vient du fonctionnement de la nature pour en tirer des lois applicables aux relations au sein des organisations. Lumière ! Quoi de plus censé que de se référer à la Nature ?

Au cœur de tout système, le principe essentiel est l'Unité du vivant : les différents éléments sont organisés en fonction d'une finalité et ils évoluent dans le temps. Sortons de la loi de la jungle pour entrer dans la loi de la forêt !

Relions-nous à la Nature et à notre propre nature, au service de quelque chose de plus grand. Puisons dans notre ombre et nos talents pour les transmuter en force et formons un « Nous » puissant au service du devenir de nos organisations.

---

[23] op. cit. p26.

Pour nous Antillais, issus du métissage de différents peuples, européens, africains, indiens, asiatiques, Caraïbes, il y a un « Nous » à reconsidérer pour aller au-delà des divisions actuelles... J'émets l'hypothèse que nous pouvons faire vivre toute la richesse de l'histoire du devenir de notre peuple, tissé de nos diversités culturelles et ethniques, pour en faire un modèle de développement dans le « Tout-monde ». Comment ?

La situation actuelle est une opportunité pour reconnecter notre peuple à sa nature profonde : revisiter notre passé pour célébrer ses richesses et les mettre au service de notre devenir. Il est possible d'aller vers une co-construction en alliance avec l'ensemble des acteurs. Osons notre danse intérieure et acceptons que nous soyons responsables de tout ce qui nous arrivera.

« Tout est au commencement », ici et maintenant, faisons le choix d'œuvrer ensemble, dans le complexe et dans l'incertain, avec une pédagogie du devenir pour notre pays : co-créer, tous ensemble, une réelle force vive au service d'un écosystème insulaire agile et adapté dans un système mondial, gardant son authenticité ». À sa juste place tout en faisant partie du « tout-monde ».

Tout est lien ! « AN NOU LIANNÉ ». C'est la loi du vivant qui m'a le plus interpellé : j'ai pris conscience que nous sommes tous en interdépendance et que nous devons d'abord retrouver notre cohérence interne pour danser avec les autres. Sortir de l'opposition « noir, blanc » et entrer dans le « Tout est polarité », ni noir ni blanc, mais les deux. Développer les énergies du recevoir et du donner, pour développer une synergie d'action, à la fois intérieure et extérieure.

La bonne entente intérieure, se refléterait ainsi à l'extérieur avec tous les acteurs locaux. C'est l'efficacité de notre action et la qualité de nos relations avec la Métropole qui en seraient renforcées. Dans toute interaction, il y a une finalité commune, à construire pour et par « Nous » en Martinique, et c'est ce sens commun qui nous maintient reliés, et nous permet, quand « Tout évolue » de nous adapter et de renaître autrement. Faire perdurer une Martinique et une Guadeloupe où il fait bon vivre pour nos enfants. Voilà notre rêve !

Et c'est possible ! Je l'ai expérimenté à la petite échelle de mon organisation. Même si les relations étaient sympathiques, nous étions loin de l'efficacité souhaitée. L'intention était de faire bouger l'organisation vielle de bientôt 50 ans et de rentrer dans l'ère de l'amélioration continue (tout évolue). Un des principaux enjeux était de renouer les équipes avec *l'Éros au travail.*

En décidant de changer moi-même et d'adopter une posture de coach au service du Leader que je suis, j'ai fait évoluer mes relations vers des relations de pairs, où chacun peut être accueilli et écouté, dans l'authenticité et dans le non-jugement. Au cœur de la démarche, se trouve la volonté de s'accueillir soi-même tel que l'on est, et d'accueillir l'autre avec sa vulnérabilité. C'est aussi faire le pari qu'en intégrant nos différences et notre ombre, nous acceptons d'être tous parfaitement imparfaits.

En alliance avec ma direction générale, j'ai institué un espace-temps, appelé « laboratoire ». Depuis deux ans, plusieurs ateliers ont alors vu le jour : de nos expérimentations, inspirées de la pédagogie International Mozaik, sont nés « les Djoubakè » avec leur devise « *ANSANM NOU PLI Fõ EK NOU KAY PLI LWIN !* » Les « djoubakè » sont des travailleurs de la terre aux Antilles très actifs, leur devise est d'avancer ensemble pour aller plus loin... Ce terreau assaini nous a permis de renouer avec des relations harmonieuses au travail, et d'en faire un gisement de productivité. Étant tous différents, la vision partagée co-construite pour notre entreprise, nous permet de garder le cap lorsque viennent les temps de tempête.

Comme par effet « boule de neige », la petite graine a porté ses fruits : la portée de l'harmonie dans nos relations, en termes de croissance et de rentabilité, interpelle la Direction Générale. Celle-ci décide alors de lancer pour l'ensemble du Groupe, une démarche de co-création d'un « NOUS » au service de la croissance et de la pérennité des entreprises.

Ainsi, les mutations environnementales et leur part d'imprévu nous invitent à entamer une démarche collective. L'époque du « grand stratège » qui sait tout, est révolue. Nous ne savons pas exactement de quoi sera fait demain. Chacun influence l'autre dans un système. Nous avons chacun, une part de leadership en nous et sommes co-responsables des récoltes. Lorsque nous sommes reliés autour d'une vision partagée, avec une certaine maîtrise personnelle, nous pouvons assurer la pérennité de l'entreprise dans un contexte riche d'inconnu. Tous les membres de l'équipe apprennent et l'organisation devient elle-même apprenante.

« *C'est par le dialogue que commence l'apprenance en équipe, la capacité des membres à laisser de côté leurs préjugés et à réfléchir ensemble.* » Peter Senge

Ce qui s'est joué dans mon entreprise peut se jouer, en l'adaptant, dans les organisations et dans les institutions, publiques comme privées, en Martinique et en Guadeloupe...

Jacques - Face à la violence et à la détermination exprimées dans les rues, les décideurs semblent prisonniers d'un mode opératoire légitimé par l'urgence et qui, pourtant, depuis des lustres, montre ses limites et ses dangers. Notre espoir est qu'il est humainement toujours possible de faire autrement ! À travers les Organisations ou Institutions, l'intégration systémique des enjeux sociétaux par les leaders peut offrir l'option d'un modèle relationnel bénéfique et fertile à la taille de nos iles.

Un nouveau type de leadership s'impose : le « Leadership du Vivant® »[24] permet d'intégrer cette intention, devenue incontournable, de prendre en compte la personne dans sa complexité, ses aspirations, ses talents et aussi, les particularités de son environnement tant historique, que géopolitique, culturel, et économique. Cette approche permettrait de donner du sens aux Systèmes « Martinique » et « Guadeloupe » pour les années à venir.

Aussi existe-t-il une autre voie, inexplorée, s'appuyant réellement sur l'Être Humain : et si, dans une vision Systémique de ces petits territoires où le lien est traditionnellement extrêmement fort, on donnait la priorité au développement de la relation au service d'une co-création?

Le « Leadership du Vivant® » a fait ses preuves quant à la co-création d'harmonie et d'efficacité dans les relations au sein des organisations que j'accompagne. Une Re-Création en profondeur est possible, en l'abordant comme un voyage, celui d'un héros non pas solitaire mais solidaire de tous, avec la motivation sans faille de faire autrement pour refaire fleurir l'espoir partagé d'un « paradis » où il fait bon vivre en paix. Une tension agréable est ainsi mise au service d'une énergie durable, productrice de valeurs pour tous. Concrètement, une stratégie est toutefois vouée à l'échec si les moyens favorisant sa mise en œuvre à une échelle suffisante, ne sont pas réunis. Ces moyens reposent sur l'innovation relationnelle et la mobilisation de l'intelligence collective, indispensable à la mise en mouvement des acteurs. Une démarche possible est celle qu'inspire notre réseau de leaders coaches, formés au constructivisme et à l'approche systémique fondées sur les lois du vivant. Cette trajectoire paraît d'autant plus réaliste que nous disposons sur le territoire d'un nombre croissant de coaches certifiés International Mozaik et de personnes sensibilisées à cette approche. Par ailleurs, l'étroitesse de l'île peut se révéler un

[24] op. cit. p26.

atout tant pour l'animation du réseau que pour son impact fédérateur à l'échelle régionale.

Ainsi, c'est la voie qui apparaît à présent la plus susceptible de produire les récoltes attendues ; elle peut être approfondie avec des relais conscients et engagés.

« *Ne doutez jamais qu'un groupe restreint d'individus conscients et engagés puisse transformer le monde. C'est même de cette façon que cela s'est toujours produit.* » Margaret Mead

Martiniquais, comme Guadeloupéens, avec les influences de multiples cultures, nous avons une expérience du « Tout-monde » et de l'émergence d'une synergie née de la diversité, avec en toile de fond, la richesse commune du créole. L'impact sur un territoire, la diffusion et l'appropriation d'une approche relationnelle innovante demeurent un sujet ouvert de recherche appliquée riche de questions : quelle forme doit prendre cette innovation relationnelle ? Quel est le mode de diffusion le plus pertinent ? Quelle est la masse critique nécessaire pour amorcer une transformation auto-entretenue ? Comment la transposer à d'autres contextes ?

Ces questions nécessitent que l'on investisse le champ de l'expérimentation et du prototypage. Un prototype, à l'échelle de la Martinique, est amorcé grâce au partenariat avec International Mozaik. Celui-ci permet la délocalisation aux Antilles d'un cursus de formation de Leader-coach. Ils sont à présent 23 Leaders sur les 75 qui ont suivi le premier cycle à être allés au bout de la certification de « coach professionnel ». Un réseau apprenant leur permet de pratiquer et de se professionnaliser en continu. Il convient ainsi à présent de concrétiser le pas d'après, un pas cosmique : si le Leadership du Vivant®[25] permet de donner du sens au monde, l'intention est d'en partager l'appel, dès maintenant, au sein d'un réseau de leaders coaches déterminés et engagés pour une innovation relationnelle au-delà de leur propre Organisation ou Institution : tout en contribuant efficacement au mieux vivre ensemble dans leur île, ils pourront alors progressivement prototyper une approche originale pouvant inspirer le « Tout Monde ».

[25] op. cit. p26.

PARTIE 2

S'ANCRER DANS L'INSTANT POUR S'OUVRIR A LA FORCE DE L'INVISIBLE

Chapitre 9 – Flux et vibrations
Comment préserver vitalité, dynamisme et joie de vivre ?

Danièle DARMOUNI

Les temps de traversée du chaos peuvent être douloureux comme en témoignent les tensions, les conflits, les menaces de 2022… Quand la complexité s'accroît, il est temps de développer plus de ressources et de présence à ce qui est. C'est l'objet de ce chapitre.

Ce n'est pas facile de rester connectés avec nous et avec la réalité qui nous entoure. *« Vivre, ce n'est pas attendre que l'orage passe, c'est apprendre à danser sous la pluie »* disaient les Amérindiens. Quelle danse choisir ? Rester enfermé dans la peur, ou considérer ce passage étroit comme un réservoir d'opportunités nouvelles. Saurons-nous relier intelligence, cœur et créativité pour embrasser avec fluidité la réalité qui s'impose à nous ?

Programmé pour nous, protéger de tout danger notre cerveau perçoit ce qui est « inconnu » comme un danger de perte de contrôle. Depuis plusieurs années, les situations perçues comme dangereuses s'intensifient et se succèdent à un rythme très intense. Le temps s'amenuise et s'accélère, avec de moins en moins de temps de décantation pour répondre et récupérer après l'effort. Chacun réagit à sa façon, beaucoup sont touchés dans leur vitalité profonde.

Je vous partage ici, des pistes que j'ai exploré grâce à ceux qui m'ont accompagné sur mon chemin. Merci à eux.

1. La piste « TÊTE »

Commençons par éveiller notre curiosité pour ce que les neurosciences nous apprennent sur notre co-responsabilité dans nos vécus collectifs. La recherche a avancé sur ce sujet et des ouvrages[26] que je vous recommande sont aujourd'hui publiés.

Graziella Galotti, m'a fait connaître l'importance du nerf vague avec une histoire qui parlera à beaucoup : « *J'ai accompagné une équipe de direction qui rencontrait des tensions fortes, dues aux difficultés de leur marché et à un changement important dans la stratégie de l'entreprise... J'ai remarqué que presque tous avaient*

---

[26] Yann Rougier et Marie Borrel : « Stress, inflammation et troubles digestifs… et si c'était le nerf vague ? » Ed Leduc 2021.

essayé des stratégies pour mieux travailler en équipe, sans succès. Tous avaient des idées sur comment faire, mais personne ne réussissait à les mettre en œuvre. Pourquoi toutes ces personnes si bien intentionnées et qui voient si clairement la nécessité de travailler dans un esprit de collaboration, dans les faits n'y arrivent pas ? »

Des études[27] ont révolutionné la connaissance de l'impact du stress sur notre capacité à entrer en relation avec autrui. *La clé de la collaboration a été trouvée dans notre corps*, plutôt que dans notre esprit. En situation de fortes contraintes, une équipe travaille à l'unisson si chacun a une meilleure connexion avec ses signaux corporels et partage l'intention de collaborer.

Voyage au sein de notre système nerveux. Les théories traditionnelles sur le stress parlent de deux systèmes : le sympathique est activé pour nous protéger. Une fois le danger passé, nous activons le système parasympathique afin de récupérer et de retrouver le calme. En fait, nous avons trois systèmes, dont deux parasympathiques partent du nerf vague.

Chacune des deux branches du nerf vague possède une fonction distincte. Ce tableau illustre les trois systèmes, en partant du plus ancien au plus récent de l'évolution.

	Branche dorsale du nerf vague	Chaîne sympathique spinale	Branche ventrale du nerf vague
Origine	Tronc cérébral derrière la nuque, partie dorsale	Colonne vertébrale entre T1 et L2 se connectant à ces nerfs spinaux	Tronc cérébral derrière la nuque, partie ventrale
Quand il s'active	Quand nous faisons face à une menace vitale ou quand nous imaginons qu'elle arrive	Quand notre survie est menacée ou quand nous imaginons cette menace	Quand nous nous sentons dans un environnement sécurisant
Réaction produite	Immobilisation totale, état de choc, le système musculaire perd son tonus et la pression artérielle baisse - syncope possible	Combat ou fuite, activation maximale du système cardiovasculaire et musculaire	Collaboration, dialogue et écoute, nous devenons sociables
Emotions associées	Sentiments d'impuissance, de désespoir et d'apathie En entreprise : retrait ou fermeture	Colère et peur. En entreprise : se battre pour surmonter la menace ou fuir pour éviter une situation menaçante	Émotions positives : joie, satisfaction, amour. En entreprise : coopération, partage, support mutuel
Evolution	La partie la plus primitive de notre système nerveux	La partie qui s'est développée ensuite	La partie la plus récente de notre système nerveux liée au cortex frontal

[27] « The Polyvagal Theory in Therapy » de Deb Dana et « Accessing the healing power of the vagus nerve » de Stanley Rosemberg, uniquement en anglais en librairie].

Parfois, en entrant dans une salle, nous « sentons » qu'il y a de la tension sans preuve sensorielle.

Cela vient de notre « neuroperception » qui est la perception du système nerveux, ressentie par le cerveau avant la perception consciente issue des 5 sens et de la cognition. Elle est plus rapide et immédiate que la perception qui passe par nos sens. Pour garantir notre survie, très tôt dans l'évolution, nous avons développé ce « sixième sens » : il active, avant le processus « lent » de la conscience, les ressources permettant de préserver notre vie - la branche dorsale du nerf vague – immobilisation et la chaîne sympathique spinale - fuite ou combat.

En quoi l'immobilisation nous protège-t-elle ? Lorsqu'une gazelle est poursuivie par une lionne, elle fuit. Si la lionne attrape la gazelle, qui se retrouve entre les mâchoires de la lionne, s'immobilise. Toutes ses fonctions s'éteignent, sauf celles du système vague dorsal qui restent actives afin de la garder en vie. Souvent, la lionne qui n'est pas un charognard, pense que la gazelle est morte et relâche la mâchoire. La gazelle s'enfuit. Lorsque nous nous sentons impuissants, nous aussi nous immobilisons, sidérés sans plus pouvoir penser. Nos fonctions cognitives s'éteignent laissant la place à celles qui sont strictement vitales. Et pourtant, *« Notre inertie rend probable que le probable ait lieu, mais il n'est pas improbable que l'improbable surgisse.*[28]»

Transposons. Le contexte stressant déclenche en continu, soit le système sympathique - les membres de l'équipe se disputent ou s'évitent -soit la branche dorsale du nerf vague - ils deviennent passifs face aux décisions difficiles. Tout ceci interdit la coopération tant que notre neuroperception ne sent pas que nous sommes en sécurité. Imaginez... Vous recevez des sollicitations continues de vos supérieurs qui vous contrôlent et font des demandes irréalistes, de vos pairs, des collaborateurs... Comment activer la branche ventrale du nerf vague, source de la collaboration, dans ce contexte ?

2. Les pistes du « CŒUR »

La piste personnelle - il existe en nous, un lieu régénérant, un endroit de paix et de clarté, accessible quand nous avons besoin de nous reconnecter à notre source, au pétillement de notre pulsion de vie des origines. Ce lieu réside dans les profondeurs de notre cœur, loin du tohu-bohu qui nous laisse peu de temps pour reprendre notre souffle. Notre pensée en boucle et le flot de nos émotions nous

[28] Christiane Singe : « N'oublies pas les chevaux écumants du passé » Ed Albin Michel 2005.

submergent parfois comme une tempête tumultueuse. Pourtant, si nous osions plonger, nous atteindrions dans la profondeur de l'océan un lieu accueillant où nous pourrions déposer nos questions, entrer dans un espace de présence et nous régénérer.

La piste collective - Proposer un espace « sanctuarisé » de Dialogue - l'intention, affichée clairement, dans le Pacte[29]relationnel, est de progresser : vers plus de compréhension mutuelle et d'apprendre ensemble à être bienveillants vis à vis de soi-même et des autres en « suspendant » pour un temps le jugement et le cynisme habituels. Il existe des « outils » qui permettent à chacun d'entendre les murmures de son cœur, de s'écouter mutuellement et d'expérimenter plus de partage, de proximité et de conscience de nos différents vécus et de leur impact sur la coopération entre nous. Oser privilégier les liens avec des personnes qui vous font du bien. Lorsque les membres d'une équipe ont une meilleure conscience[30]de leurs émotions, de leurs vécus et des conséquences sur leur collaboration, ils deviennent capables d'en parler avec un langage simple et immédiat. Ils prennent du recul quand ils entrent dans des discussions ou quand ils vivent des situations tendues.

3. Les pistes du « CORPS »

Tonifier le nerf vague - le nerf vague vagabonde et se connecte au cœur, poumon, reins, intestin, foie… C'est par lui que notre cerveau est à l'écoute des organes. En effet, 80% des informations que le nerf vague véhicule, circulent dans le sens : organes vers cerveau. Ses messages sont en priorité parasympathiques, liés à l'activité des fonctions automatiques du corps : rythme cardiaque, respiration, appétit, digestion et notre réponse immunitaire. Grâce au nerf vague, notre organisme fonctionne jusque dans notre sommeil. Dès que le nerf sympathique et sur-sollicité, le nerf vague est là, pour rétablir l'équilibre. Il a de plus en plus besoin d'être soutenu et stimulé aujourd'hui, sinon troubles digestifs, mal de tête, insomnies ou infections à répétition se manifestent. Ces troubles peuvent être soulagés. Tonifier le nerf vague, avec une hygiène de vie globale et des exercices de respiration. **S'offrir une discipline joyeuse,** pendant au-moins trois semaines, peut faire une vraie différence, je l'ai expérimenté. JOYEUSE est le mot-clé pour incorporer ces pratiques dans un rituel intégrant des gestes simples, effectués en conscience

[29] Danièle Darmouni : « *Leadership du Vivant* » Ed L'harmattan 2013 chapitre 3- le pacte.

qui vous font plaisir. Retrouver aussi, le goût de l'émerveillement et du sourire…

« Souris au monde et le monde te sourira », disait Mère Teresa. Afin de booster sa joie de vivre, prendre quelques minutes au réveil pour sourire intérieurement puis au fil de sa respiration, laisser ce sourire intérieur emplir sa tête, savourer sa sensation de bien-être, laisser circuler ce sourire jusqu'au bout des pieds. Se lever pourquoi pas en dansant avec une musique aimée plutôt que « les infos », possible de le refaire dans la journée. S'isoler quelques minutes, laisser revenir le sourire, assis ou debout, ouvrir une fenêtre ou regarder une photo qui vous est chère. SOUFFLER… Au coucher, laisser venir les petits et grands moments de bonheur de la journée, ressentir de la gratitude et s'endormir en souriant.

Détendre le nerf vague au niveau de la gorge ? Les spécialistes conseillent les gargarismes à faire régulièrement durant 30 secondes matins et soirs après le brossage des dents. J'ai une préférence pour le chant : il masse les tissus de la gorge tout en impliquant la respiration. Alors chantons, même faux, à fond, gorge déployée, dans la salle de bains, la voiture ou ailleurs… Dans une chorale, pourquoi pas. Cela court-circuite la rumination des pensées toxiques.

Apaiser le nerf vague par la cohérence cardiaque. Pour terminer, je vous rappelle une technique puissante pour mieux vivre au quotidien : la cohérence cardiaque ou cardio-méditation comme l'appelle Patrick Drouot[31]. Notre cœur nous accompagne de la naissance à la mort, chaque battement est le reflet de notre état émotionnel : en colère ou inquiets, il bat la chamade, si nous sommes détendus, il ralentit. Le cœur possède des neurones comme notre cerveau avec lequel il communique sans cesse dans les deux sens.

Lorsque nous le modulons, par notre respiration, le rythme du cœur entraîne un état de cohérence interne harmonieux : le cœur émet un signal électromagnétique qui le fait entrer en cohérence. Comme tout est interconnecté en nous, notre organisme entre aussi en cohérence. Cela favorise un minimum de déperdition énergétique et des vibrations positives en nous. J'ai eu la chance de rencontrer Patrick Drouot à une époque où j'avais du mal à me remettre de deuils. Lors d'une conférence, il présentait son approche de cohérence cardiaque qui complète la méthode classique.

---

[31] Marie Borrel et Patrick Drouot : « Le guide pratique de la cohérence cardiaque » – Ed Tredaniel 2017.

En effet, cette technique efficace pose des difficultés quand quelqu'un vit une épreuve très douloureuse. Même s'il en a vraiment envie, celui qui se trouve dans une telle situation peut avoir du mal à se concentrer sur ses sensations au niveau du cœur.

Patrick Drouot a travaillé avec un musicien pour transcoder le signal électromagnétique cardiaque en un son idéal harmonieux qui fait entrer le cœur en cohérence avant même que la respiration, les sensations et les images aient fait leur œuvre. Lorsqu'on l'entend, le son met rapidement le cœur en cohérence – on le trouve dans le CD inclus dans l'ouvrage. Au bout de quelques jours, une fois la mise en cohérence bien ancrée dans notre cœur, celle-ci se réactive dès que nous pensons cohérence ou que nous entendons le son. Cet ancrage s'installe dans le réseau des 7 cerveaux[32].

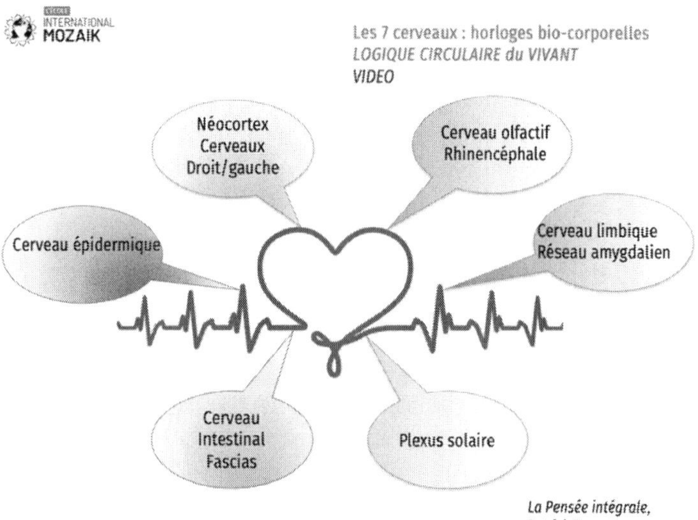

La Pensée intégrale,
Patrick Drouot

[32] Voir le lien vers la vidéo page 154.

Ces cerveaux ont tendance à fonctionner chacun de leur côté. Sous l'impulsion du message de cohérence, généré par le cœur, ils se synchronisent et coopèrent, ce qui améliore notre santé physique, mentale et émotionnelle. La cohérence cardiaque avec le son, ouvre la voie à un état de fluidité mentale. Sa pratique régulière permet de ressentir ce flux[33] rapidement. Une telle attitude permet de sortir d'une pensée limitée pour envisager la vie avec une amplitude nouvelle ainsi que notre contribution, quelle que soit notre position. Cet état de flux est spontané, dès que nous sommes pleinement présents à ce que nous créons. *Ainsi l'ébéniste penché sur une pièce de bois pour fabriquer un meuble, des jeunes gens jouant leur musique, un collectif planchant sur un projet novateur, le chercheur concentré sur une question complexe. Le corps, le cœur et la tête vibrent à l'unisson.* Saurons-nous accéder à ce flux vital pour mettre en œuvre ensemble ce que nous choisissons de créer dans les mois et les années qui viennent ?

[33] Mihaly Csikszentmihaly : Vivre. La psychologie du bonheur, Ed Robert Laffont 2004.

Chapitre 10
Perdus dans la matrice
Peut-on trouver le sens de sa mission dans une grande organisation ?

Entretien de X par Danièle DARMOUNI

Bonjour, pouvez-vous partager ici votre vécu de la perte de sens ?

La technologie, parmi d'autres, rend possibles des organisations de plus en plus macroscopiques, avec en leur sein une perte de sens toujours plus grande. Si on prolonge la courbe de cette dynamique, on devine quelque chose de systémique à l'horizon. On n'est pas loin du point de bascule, en tout cas d'un point de bifurcation. Je sens que dans 30 ans, on sera « ailleurs », au regard du sens du travail et de l'existence ou pas des grandes organisations… Je me questionne : l'éveil du sens est-il possible dans une grande organisation ?

Quand une organisation grossit, elle a besoin, comme une ville, de surmonter ses « *coûts de congestion* ». Pour continuer à fonctionner, elle invente des métiers qui ne sont dirigés que vers ses propres enjeux. Elle découpe les tâches afin de mieux les appréhender, suivant une logique ni humaine, ni celle de l'intérêt ou de la richesse du job confié, mais qui répond à sa logique, celle de la pureté fonctionnelle de l'organigramme.

De plus en plus de missions sont déconnectées de la réalité, sans lien entre la contribution de l'individu et le produit ou le service de l'entreprise. Certains jobs, confiés à des « *vraies* » personnes, sont des abstractions, des rouages internes, auto-justifiés. Cadre dirigeant avec un haut niveau de responsabilité, je suis moi-même souvent cerné de notifications informatiques, qui me demandent de valider des trucs insensés dans des « *workflows* ». Certains, perdus dans des « *matrices* », paumés dans un labyrinthe « *géographico-fonctionnello-machin-truc* », cherchent, quoique perdus, à lui donner un sens.

De plus en plus de gens sont ainsi payés pour souffler très fort dans des tuyaux très longs et très tortueux en espérant y faire avancer quelque chose d'abstrait et ils s'essoufflent.

Quand on ne peut dire ce qu'on a fait à la fin d'une semaine de travail, cela pose question : à quoi ça sert, qu'ai-je appris, transmis, donné ? Me suis-je amusé ?

Qu'est-ce qui fait qu'aujourd'hui vous vous posez ces questions ?

Le télétravail, vécu de façon radicale depuis 2020, a mis en lumière pour moi cette perte de sens. Quand le job consiste à être chaque jour assis 10h devant un écran, avec un casque sur les oreilles, qu'est-ce que je fais à part écrire des mails, parler dans un micro et regarder une petite lucarne où s'affichent des signes ? Quand ma fille de 8 ans me demande « *si j'ai fini mon call* » ou que mon fils décrit mon métier comme «*parler et envoyer des mails* », ça secoue. Le télétravail peut être un progrès au sens de l'équilibre entre vie professionnelle et personnelle. Il met aussi en lumière la désincarnation des métiers.

Bien sûr, je peux justifier tous les jobs du monde : « dans telle équipe on contribue à donner la bonne mesure de la performance des sous-activités. Donc, on est capable de les comparer et de régir les équilibres entre elles. À la fin, on prend des décisions stratégiques éclairées… » etc…

« Bullshit ! » (Traduction : merde de taureau)

Plus la boîte est grosse, plus elle se raconte une histoire hors sol : « *Mais oui, on s'aime ! On est one team, notre mission est formidable ! On a une responsabilité environnementale, sociale et de gouvernance. La diversité est notre valeur...etc...* » Les managers sont enjoints à porter ce discours et parfois, ils doivent même s'engager formellement à certaines postures et à utiliser les « *éléments de langage* » officiels. Et plus la boîte fabrique ce type d'injonctions, plus elle se présente comme humaniste, animée des meilleures intentions… et plus grands sont les risques psychosociaux en son sein. Je vois tous les jours des gens partir à la dérive parce que malheureux au travail, parce qu'ils « *subissent* » et tombent malades.

À la fois en tant que salarié (cela a pu m'arriver) et en tant que représentant de cette organisation vis-à-vis des équipes que j'ai sous ma responsabilité, j'ai expérimenté comment ce mode d'organisation rend la perte de sens de plus en plus prégnante.

Comment imaginez-vous une rupture possible ?

Aucun système n'accélère indéfiniment, aucune bulle ne grossit sans fin. Il y a une rupture, la bulle éclate et on finit par atterrir ailleurs. Bulle géopolitique, sociale, environnementale, technologique et peut-être tout en même temps :

- La bascule des équilibres géopolitiques impactera le sens du travail, la place de l'individu dans le travail et la place du travail, dans la vie des individus.
- Le retour des « *faits planétaires* » aussi. Je me souviens début 2020 d'une angoisse quasi-existentielle, je me disais, « C'est la première fois que je vis un fait qui concerne l'humanité tout entière ». Ça impacte le sens du travail et le temps qu'on veut lui donner.
- Les échanges avec nos enfants prennent aussi une tournure étonnante. On les entend dire : « *Qu'est-ce que vous nous laissez comme bazar à gérer ?* » Cette génération se sent plus libre de faire des choix différents, elle dresse un bilan assez cru et décomplexé. Il y a de la colère dans ce pacte intergénérationnel ébranlé.
- Sur un plan technologique enfin, jamais l'humanité n'a eu à la fois autant de données disponibles et une telle capacité à les manier, déplacer ou pirater, ce qui ouvre un champ considérable de solutions et de menaces. Un simple exemple : les « *clics jobs* » passent 10h, chez eux, devant leur écran pour trier des images, cliquer « oui » ou « non »... Ils sont un petit processeur, une ligne de code.

Quelle est la suite selon vous ?

Je crois en l'homme et je suis plutôt optimiste, il y a des signaux encourageants dans tout ce bazar, des frémissements.

Un exemple : l'entreprise à mission. Elle est contestée, mais c'est une inspiration, un espoir, une tentative certes modeste, imparfaite, mais une piste. Le DG de la Maif défend l'idée de la nécessité vitale pour l'entreprise d'agir politiquement, « *dans la cité* » pour le bien public, le bien commun, comme une condition de durabilité, d'engagement des salariés, de la communauté qu'est l'entreprise. Il en a fait une réalité managériale (au sein de laquelle je suis sûr qu'il existe cependant des « *rouages internes abstraits !* ») Mais quand les salariés de la Maif s'expriment, ils sont pétris de la mission qui est d'aider leurs « *sociétaires* » (leurs clients). La façon de vivre dans cette entreprise est assez étonnante.

Les grandes organisations n'auront aussi peut-être d'autre choix que de se re-fragmenter, par exemple, pour diminuer leur congestion. Dans une organisation à taille humaine, chaque salarié est capable de tracer sa propre contribution à la mission globale de son organisation.

Autre idée : « *Travailler mieux ou travailler moins ?* »… Trouver dans son job, un sens et une mission puissante ou ménager du temps à côté : « *Soit mon travail est capable de porter du sens, soit il laisse la place à du sens que je trouve ailleurs* ».

Le modèle dominant, le contrat de travail avec employeur unique, pourrait être remplacé par de la flexibilité : à défaut de se réaliser dans une mission porteuse de sens, le salarié obtient d'être beaucoup plus flexible à l'intérieur de l'entreprise ou entre des entreprises. La technologie facilite cette souplesse.

Avez-vous d'autres pistes pour demain ?

La sensation de partager une aventure humaine manque à ces organisations qui produisent du discours politiquement correct. Envisager l'organisation comme une communauté sincère et réaliste rendrait ces boîtes plus performantes et plus durables.

À l'exception de quelques rares psychopathes, un être humain est un être de relation. Vu le temps qu'il passe au boulot, il a besoin d'y trouver de l'émotion, de l'aventure collective et du lien. Un de mes pairs a connu un jour une situation business très dure, avec de très mauvais résultats… Je l'ai appelé, il a décroché, je l'ai entendu soupirer et se dire mentalement : *« C'est quoi cette n-ième emmerde qui me tombe dessus avec ce coup de fil ?* » Je lui ai dit « *Je t'appelle pour te dire bon courage, je ne suis pas sûr que tu dormes bien la nuit, le boulot doit être horrible. Juste te dire, bon courage, tiens bon. Qu'est-ce qui arriver d'autre que faire perdre un peu trop d'argent à la boîte ? Elle s'en remettra, ce n'est pas un A380 qui s'écrase* ». Il était complétement sidéré par mon coup de fil.

Lorsque je me suis retrouvé moi-même dans une situation institutionnelle délicate, complexe et tendue, seul, à devoir dire des choses difficiles à mes équipes, mon téléphone n'a pas sonné. Ça m'a manqué et a consacré une forme irréversible de rupture avec certains.

Le B-à-BA d'une « *équipe* » est de créer un cercle qu'on est heureux de rejoindre et avec lequel on est content d'avancer. Dans les coups durs, les autres sont là pour dire des mots de soutien. Dans ces organisations, soit la culture le perd de vue, soit la dimension éloigne mécaniquement les gens. Cela rend plus cynique et transactionnel, privant l'entreprise d'une part fondamentale du sens qui est celui de l'aventure commune partagée.

C'est essentiel d'oser avec sincérité l'aventure et d'incarner concrètement que c'est possible de vivre en harmonie avec les autres. Sortir des sentiers battus et reconnaître que l'individu est un être complet. Un collaborateur n'est pas une ligne de code dans un grand ordinateur.

Quels sont vos critères de choix pour demain ?

Je me suis épanoui en tant que dirigeant d'une boîte internationale de 600 personnes et j'y ai trouvé du sens en tant que dirigeant et du sens à ce que font mes équipes. Je n'ai certes pas réalisé de « *rêve d'enfant* » : à 5 ans, je voulais fabriquer des fusées ou des ordinateurs et plus tard être médecin m'aurait sûrement plu, je ne fais rien de cela ! Mon métier demande beaucoup de mots pour être expliqué, il me catalogue comme un méchant financier. Mais il a bel et bien sa « *noblesse* ». Il faut aller chercher assez loin la contribution de mon activité à la retraite de certains salariés européens ou américains, mais elle existe bel et bien.

Une part importante de mon rôle à la tête de l'entreprise a été de promouvoir des valeurs, par l'exemplarité. Ça a été mon sens à moi. Ce qui me manquerait si je ne pouvais plus le faire, c'est ce que j'ai fait la semaine dernière : parler aux équipes, debout au milieu d'elles, pour expliquer ce que je sais, ce que je ne sais pas, les rassurer, les écouter, répondre aux questions et les « *emmener* ».

J'ai protégé le sens de mon métier, parfois en dépit « *de la grande machine* ». Mais ce ne sera qu'une partie de ma vie et je n'y mettrai jamais « *toutes mes billes* ». C'est un critère qui compte : trouver un équilibre dans lequel mon job n'emporte pas tout et n'est pas le seul à m'offrir la chance de créer du sens.

Il y a 5 ans, c'était pour moi exclu de prendre le « *risque* » d'une « petite structure », à taille humaine et plus fragile. On nous implante tôt des petites musiques dans la tête : « *Il faut monter, gagner en responsabilité...* » Pour monter, il faut que la montagne soit haute, donc j'ai été un acteur des « grands groupes », où j'ai trouvé ou fabriqué tant bien que mal du sens. Je me suis protégé contre l'absurdité et l'abstraction, parce que j'avais le privilège de pouvoir le faire, ce qui n'est pas le cas de tous. Si demain s'ouvrent à moi des opportunités très différentes, serais-je assez ouvert ?

Je crois que oui, avec moins d'a priori. Le critère « *aventure humaine* » sera important. J'aurais du mal à exercer un métier solitaire. Aujourd'hui, j'ai surtout envie de « *faire* », d'apprendre et de transmettre. De savoir expliquer simplement ce que je fais et pourquoi je le fais. C'est un bon critère ça…

X dirige une filiale d'un Groupe Bancaire International.

Chapitre 11
Oser jouer avec les rythmes
Le temps, un défi pour l'entreprise ?

Stéphanie CANDELIER

La morale qui ouvre la fable de la Fontaine, *Le lièvre et la tortue*, me vient à l'esprit pour entamer ce chapitre : « *Rien ne sert de courir, il faut partir à point...* » Un autre adage fait également écho : « *Timing is everything* ».

Le temps rythme nos vies. Ne pas le respecter et ne pas en tenir compte peut parfois nous amener à griller des étapes clé. Cela peut tout autant nous amener à ne pas prendre le train au bon moment et passer à côté des opportunités à saisir…

Faire du temps un allié représente un défi pour chacun. Qu'en est-il pour l'entreprise ?

À l'ère, des start-up et de l'hyper-croissance, lorsque l'accélération devient une quête, que devient la valeur du temps long, des phases de « gestation », plus lentes, pour l'entreprise ?

La raison d'être de l'entreprise est de s'inscrire dans le temps long, pour assurer sa pérennité, elle doit simultanément évoluer rapidement, tout en assurant de bons résultats sur le court terme. Avec le déploiement des politiques RSE, les entreprises inscrivent durablement leur projet en intégrant les enjeux écologiques et sociaux. Trouver le bon arbitrage entre les aspirations sur le long terme et les impératifs de court terme est d'une complexité croissante. Demain, le rythme effréné que nous vivons ne pourra que s'accentuer compte tenu des bouleversements multi-systémiques déjà à l'œuvre.

Pour éclairer ce sujet, voici l'exemple de deux sociétés : elles se sont engagées dans des transformations afin d'assurer leur pérennité et de conforter leur leadership, alors que leur déploiement génère en interne des vents contraires. L'une est une start-up, l'autre est leader mondial sur son secteur depuis des décennies et emploie plusieurs dizaines de milliers de personnes.

La start-up prépare sa prochaine levée de fonds en vue d'un changement d'actionnariat dans les deux ans qui viennent. Une étape clé qui impactera son devenir avec un tel enjeu pour ses dirigeants qu'ils mobilisent pleinement leur énergie sur cette échéance et oublient leur esprit pionnier, cette énergie bouillonnante qui rendait tout possible.

Difficile pour les équipes, en perte de repères, de se projeter sereinement dans l'avenir. Avant de pouvoir à nouveau le faire, chacun aura besoin d'entrer dans le temps de partages sincères : se reconnecter au mythe fondateur, à cette énergie particulière liée à leur propre raison d'être, à l'origine de leur engagement. Revenir à la source, leur permettra de se réaligner, de se projeter à nouveau en redonnant du sens à leur action, et à transmettre ce sens à leurs propres équipes.

Le leader mondial, lui, déploie une réorganisation globale pour soutenir l'intégration et le déploiement de nouvelles technologies (IA et robotique) dans les solutions commerciales. Cette réorganisation cross-matricielle provoque un électrochoc dans les pays dont les habitudes nécessitent un réel partenariat et une grande réactivité entre le business et les clients. La qualité de service se détériore et les partenaires perdent confiance. Les collaborateurs qui ont toujours été très engagés se sentent impuissants. Dans ce contexte où les relations se dégradent avec une fatigue importante, comment permettre le réengagement ?
La tentation est immense de démultiplier les actions, de reprendre le contrôle sur tous les fronts, en quête de performance. Cela risque de mener à l'épuisement généralisé de l'organisation.

Pour cette équipe, il est essentiel de se poser et d'aménager un espace où des moments de partage sincères sont à nouveau possibles. Se reconnecter à l'énergie du mythe fondateur et à la raison d'être, est incontournable. Faire un arrêt sur image, profiter des rencontres pour célébrer les petites et grandes victoires, en se remémorant comment ils ont réussi ensemble, leur redonnera le goût de se remettre en marche, ensemble.

Ce que vivent ces entreprises ressemble à ce que vit toute entreprise en transformation. Le risque est de vouloir montrer qu'on est capable d'aller très vite en déployant de multiples projets, qui, parfois, se contrecarrent, le tout en gardant les yeux rivés sur de multiples KPI.

Rester aligné sur sa mission « originelle », celle qui répond à la question « Au nom de quoi sommes - nous ensemble ?», en conservant le cap sur le temps long, devient alors un puissant levier.

Comme le ferait une équipe dans un camp de base, s'accorder le temps de reprendre son souffle, de se reconnecter à ses ressources, de remplir les réserves d'énergie, avant de repartir à l'assaut des sommets.

Un autre éclairage nous vient de nos apprentissages liés au Covid. Comment le rapport au temps a-t-il évolué pendant cette crise et quel en a été l'impact sur la capacité de résilience de l'entreprise ?

Dans la première année, avec un temps « suspendu » et une redéfinition du rapport à l'espace, à autrui et au pouvoir, la plupart des entreprises ont réussi à réaliser des transformations majeures en mode supersonique. La crise, paradoxalement, a été un formidable vecteur de cohésion malgré la distance, les collaborateurs étant alors reliés à une intention supérieure commune à tous, s'en sortir... En un an, les équipes ont appris à construire avec les incertitudes, à expérimenter, à prototyper, en tâtonnant, en acceptant que 100 % ne soit pas parfait immédiatement avec une indulgence, un soutien et une confiance réciproque assez inédite dans le monde de l'entreprise.

Qu'est-ce que l'entreprise a choisi de ralentir ? D'accélérer ? Qu'ont fait évoluer les leaders, dans leur rapport au temps pour ouvrir ce formidable terrain d'expérimentation, malgré des contraintes phénoménales ?

Michel, DRH d'une mutuelle nous donne son témoignage :

« Afin de traverser ce temps « arrêté », de nouvelles modalités de travail étaient à construire : les managers et leaders ont dû expérimenter le fait de faire confiance « à priori » avec un sens des responsabilités complétement différent.

Les modalités de travail en distanciel ont rendu impossible la possibilité de vérifier comment les collaborateurs s'organisaient et structuraient leur temps : sur leur ordinateur ou sur Netflix... L'excellente nouvelle étant que les résultats ont été là et que chacun s'est senti responsabilisé. Lever les yeux de ses activités quotidiennes, sans la contrainte du reporting habituel a aussi permis de prendre conscience d'enjeux sociétaux majeurs, de choisir d'agir différemment avec un sentiment d'appartenance assez fort. Les leaders ont été à cet égard assez exemplaires. » (...)

« *La mobilisation a été puissante. Chacun avait le sentiment de contribuer à surmonter un défi majeur. En famille, et au sein de l'entreprise, il s'agissait de réussir à réinventer et à tenir la boutique, et vis-à-vis de la société, de contribuer à l'effort collectif, dans un cadre supranational. Renouveler le mode de travail, en gardant le cap sur un dessein « supérieur », simplifier, ralentir, faire confiance « à priori », expérimenter. Nous avons fait des merveilles, tout en accélérant les transformations, autant d'apprentissages qu'il serait dommage d'oublier... »*

Regardons maintenant comment les jeunes générations abordent le temps et quelles peuvent être les sources d'inspiration pour l'entreprise :

Les jeunes ciblent des entreprises dont la mission et les valeurs répondent à leur désir de réalisation personnelle. Ils s'inscrivent alors naturellement sur le temps long alors même qu'ils sont les meilleurs « *zappeurs* », « *switchers* », « *slasheurs* ». Ils osent les ruptures, la création de nouvelles alliances pour nourrir cette quête. Ils choisissent des opportunités pour soutenir leurs désirs de réalisation sur le long terme, des quêtes qu'ils sont d'ailleurs capables de revisiter dès lors qu'ils estiment qu'elles ne leur conviennent plus... Ils savent « *jouer* » avec les rythmes et excellent dans leur capacité à accélérer, à oser court-circuiter, tout en prenant allégrement leur temps quand bon leur semble, quand ils estiment que c'est essentiel pour eux. Prendre leur temps, ils ont connu ça, comme nous tous, en traversant l'adolescence... Aurions-nous oublié que cette transformation physique et psychique majeure nécessite d'y aller mollo... ?

L'entreprise pourrait, elle aussi, se transformer en « *zappeuse* », dans son besoin de renouveau, et se permettre de ralentir quand les bouleversements le nécessitent.

Que nous apprend le rythme du Vivant ?

Les saisons ont toutes leur utilité pour que la vie se renouvelle. L'automne, le rythme ralentit et permet de se dépouiller de ce qui a perdu en vitalité. L'hiver, la nature endormie prépare le jaillissement du renouvellement du printemps, l'été représentant le symbole de vie intense et de rayonnement. L'automne et l'hiver demeurent des temps essentiels à l'éclosion de la vitalité du printemps et de l'été.

Si l'adaptation est un des principes de survie dans un écosystème qui bouge sans cesse, la nature, elle, sait ralentir, comme en témoigne Emmanuelle Joseph-Dailly : « *Pérennité n'est pas toujours synonyme d'accélération. L'arbre centenaire se développe par des évolutions douces et silencieuses : pour s'assurer de vieillir sereinement, les jeunes pousses prennent leur temps. En poussant lentement, les cellules de leur bois restent petites et renferment peu d'air. Elles gagnent ainsi en flexibilité.* »

La nature nous apprend que les temps de pause, la patience, sont aussi importants que les accélérations et que ces polarités sont indissociables. Le vide fertile sert la Vie.

L'entreprise a tellement appris à aller vite, que *réapprendre à aller doucement* devient nécessaire, voire vital pour :

- Développer une vision globale de son écosystème et identifier où avoir l'impact le plus fort sur le temps long.
- Choisir une voie responsable qui engage, sans se diluer dans le temps.
- Susciter le désir de surmonter collectivement la complexité du chemin.
- Valoriser les investissements en intégrant leur impact sur le long terme.
- Anticiper, préparer et favoriser la transmission des expertises pour assurer la pérennité.

Pour conclure cette réflexion, je partage quelques clés pour que l'entreprise ose « *jouer* » avec le temps pour plus de prospérité :

- « *Dézoomer* » et « *Rezoomer* » en permanence pour relier temps long et temps court.
- « *Dézoomer* » pour s'assurer que les actions court terme gardent tout leur sens au regard de la mission de l'entreprise. Cette mission s'incarne dans un défi qui donne envie de se dépasser.
- « *Rezoomer* » pour voir ce qui est déjà là, les ressources disponibles pour renouveler la puissance d'action, observer les premiers résultats, les valoriser pour qu'ils soutiennent l'ambition.
- Lorsque la vision se brouille, c'est le temps de se reconnecter à sa raison d'être, la mission originelle qui a créé l'engagement. Cette reconnexion va permettre de retrouver de l'énergie et de choisir de la partager pour se réengager sur le temps long.
- Respecter les rythmes et réapprendre à ralentir pour être dans le bon tempo, pour vivre les événements, digérer « *émotionnellement* » les transformations, et favoriser ainsi le réengagement.

- Oser jouer avec les rythmes : les surprises, l'inattendu, les obstacles, les ruptures et les pauses sont autant de possibilités de créativité et de renouveau. L'entreprise peut choisir de provoquer intentionnellement des ruptures de rythme pour aller vers plus d'innovation !

Et le meilleur pour la fin… Poser la confiance *a priori*, en maintenant le cap sur une intention supérieure à nourrir !

Chapitre 12
Amoureux de l'imprévu
Comment accueillir l'inattendu au cœur de l'action ?

Philippe GABILLIET,
Professeur à ESCP Business School (Paris)

Dans son merveilleux roman *La folle allure*[34], Christian Bobin nous enjoint à « *Ne rien prévoir, sinon l'imprévisible ; et ne rien attendre sinon l'inattendu* ». Ce propos de poète, d'amoureux ou de chercheur, est difficile à assumer pour un manager, un décideur, un gouvernant, ou tout responsable de la réussite pérenne d'un collectif.

Nous vivons dans un monde tiraillé entre deux univers : celui du volontarisme de la planification et de la prévision, et celui de la nécessaire acceptation de l'inattendu, de l'imprévu et des surprises du réel. Il faut planifier, certes, mais l'inattendu, dramatique ou providentiel, constitue le ferment le plus porteur de mouvement au cœur de la Modernité. Ce que personne n'a vu venir est souvent davantage porteur de sens et d'énergie de transformation que ce qui avait été anticipé.

À l'ère de la rationalité triomphante, planifier l'avenir ne constitue en rien une garantie contre l'incertitude et les mauvaises surprises. Approches essentielles pour quiconque entreprend un projet. La planification et la prospective demeurent malgré leurs limites, des outils majeurs de structuration de l'action et de mobilisation des énergies. En revanche, lorsqu'elles débouchent sur une sorte de « culte du plan » ou de « magie du scénario », les problèmes apparaissent.

Comme nous le rappelle la sagesse hassidique, « si tu veux faire rire Dieu, parle-lui de tes projets ». Un plan, quel qu'il soit, demeure une fiction ; ou du moins un ensemble d'hypothèses dont seul le temps permettra (ou pas) de valider la pertinence. La chose la plus étonnante, dans un plan d'action ou de développement, c'est quand il se déroule comme prévu !

Le dictionnaire nous rappelle qu'est « inattendu(e) » toute circonstance fortuite ou événement « auquel on ne s'attendait pas » et qui donc nous surprend. L'inattendu est ce qu'on n'attendait pas, et

---

[34] Christian Bobin, La folle allure, Gallimard, 1995.

surtout « ce qu'on n'avait pas lieu d'attendre », car considéré comme impensable, impossible, invraisemblable, improbable, etc.

L'inattendu est donc un perturbateur d'anticipation, un facteur de désordre. Mettant en cause toute forme d'anticipation, l'inattendu prend par surprise toutes les virtualités préalables perçues par l'acteur en train d'agir.

L'inattendu est donc lié à l'idée de surprise, cet étonnement, voire ce trouble, né du fait que l'on se sent pris à l'improviste. Car l'effet de surprise apparaît dès qu'une prédiction ou une anticipation (même implicites) se révèlent brusquement non-conformes au résultat attendu. La surprise est clairement l'émotion ressentie, lorsque l'on expérimente l'imprévu, qu'il s'agisse d'un événement extérieur, d'une interaction ou d'un état intérieur.

La surprise occupe une place à part dans le champ des six émotions humaines fondamentales, aux côtés de la joie, de la tristesse, de la colère, de la peur et du dégoût. [35] Émotion éphémère, elle ne s'expérimente que dans la courte durée et peut s'émousser, face à un stimulus répété ; difficile de rester durablement surpris, avec la même intensité, par la répétition d'un même phénomène. La surprise est aussi une émotion d'énergie, un choc, qui déclenche une prise de conscience ou un rebond de l'esprit. La surprise est un outil essentiel dans le monde de la formation, en ce qu'elle réveille et stimule la curiosité. Les meilleures pédagogies sont toujours surprenantes, en ce qu'elles incitent à l'attention, à la mémorisation, à l'interrogation voire à l'introspection. Mais sous quelles formes cet inattendu surprenant fait-il concrètement irruption dans nos vies ? « L'inattendu », dans sa réalité à la fois simple et fondamentale, peut emprunter cinq formes essentielles : la rencontre, l'information, le territoire, la demande et l'accident.

La rencontre inattendue. Une existence humaine, heureuse ou malheureuse, reste dans tous les cas un itinéraire balisé par des rencontres, des moments où l'on s'est trouvé fortuitement en présence d'un inconnu. Cette mise en contact a changé la suite de notre histoire. Nous sommes fondamentalement des êtres relationnels. Car ce sont bien les rencontres, bonnes ou mauvaises, qui rythment le tempo de nos vies quotidiennes. Sachant qu'il ne serait sans doute pire malédiction - pour la plupart d'entre nous que d'apprendre - que

[35] Émotions qu'illustrent les tribulations des personnages du film « Vice-Versa » (Disney / Pixar, 2015)].

jusqu'au dernier jour d'une vie, on ne fera plus jamais de nouvelles rencontres inattendues.

L'information inattendue. Omniprésente au cœur de nos vies, l'information nous entoure, nous réveille, nous alerte, nous stimule, nous agace, nous ennuie, nous remue. Bref elle tente par tous les moyens de maintenir notre attention sous tension, que celle-ci ait pour nom : surprise, divertissement, dénonciation ou édification.

Le territoire inattendu. Le territoire représente la troisième forme d'inattendu et probablement la plus complexe. L'occasion imprévue est celle qui va nous permettre d'aborder puis d'explorer des univers et des mondes nouveaux. Nous n'avions rien planifié ou anticipé, mais nous avons, à la suite d'un concours de circonstances fortuit, vécu une expérience de vie qui ne faisait pas partie de nos plans initiaux, mais les a durablement réorientés.

La demande inattendue. Située à la croisée des chemins entre la rencontre, l'information et les territoires, apparait maintenant la demande imprévue. Nombre d'occasions inattendues surviennent sous forme de demandes et autres sollicitations imprévues, en provenance de notre entourage ou de notre environnement : demandes de contact ou de conseil, d'affection, d'aide ou de soutien, d'information ou de service, de solution ou de collaboration. Toutes recèlent en elles des potentialités nouvelles.

L'accident inattendu. Un événement extérieur fortuit, une discontinuité intervenue par hasard dans l'ordre naturel des choses et ayant constitué pour nous, une bifurcation, de carrefour de vie ouvre devant nous de nouvelles possibilités. L'accident, la turbulence ou la mésaventure, c'est ce qui rompt l'uniformité et nous prend par surprise sur le terrain jusqu'à présent balisé de notre existence. Ce terrain relativement plat et à l'horizon dégagé, se révèle tout à coup inégal, mouvementé, varié et recelant des zones jusqu'alors cachées à nos propres yeux. L'accident, c'est l'intrusion violente de l'inattendu dans le quotidien ; c'est quand l'horloge bien huilée des habitudes et des plans d'action se dérègle brutalement, nous laissant face à des possibilités renouvelées. Car tous les accidents, c'est heureux, ne sont pas nécessairement dramatiques. Certains peuvent même être d'une grande banalité, sortes de grains de sable inattendus dans le cours habituel des choses, par rapport à une vie bien réglée. Ils conduisent tôt ou tard à l'apparition de possibilités, d'occasions et d'opportunités nouvelles.

Existe-t-il une intelligence de l'inattendu, voire un art de se laisser surprendre par le réel ?

Quant aux amoureux de l'inattendu, il suffit de regarder autour de soi. Ils sont partout. Que ce soit chez les entrepreneurs, les créateurs, les chercheurs, les artistes, les innovateurs, les coachs ou même chez vous ou moi.

Aimer l'inattendu, c'est avant tout se donner l'opportunité de vivre différemment en sortant d'un cadre peut-être exagérément planifié. C'est faire le choix d'un devenir surprenant. Ne serait-ce qu'à ses propres yeux, et ce malgré les pressions incessantes du quotidien, de la routine, des plans établis et des interdits conformes.

Et s'il était possible de passer avec soi-même – dès lors que l'on s'y sent prêt - un autre contrat, un autre pacte de devenir ? Il faudrait alors envisager de sortir de sa zone de confort, afin de tenter hors de ses propres frontières quelque escapade inattendue aux couleurs encore inconnues. Vivre en mode surprenant, c'est avant tout adopter une manière d'interagir, de communiquer avec le monde environnant, les autres et soi-même. C'est rechercher les étonnements qui font l'intensité du vécu, le droit à la transgression des conformités et l'amour inconditionnel de l'inattendu, donc de la vie.

Certains d'entre nous ne sont pas toujours conscients de la cage bien rangée, bien ordonnée dans laquelle ils se trouvent et ont appris à se croire libres. Ce qui n'est guère étonnant, homo sapiens est la seule créature terrestre vivant dans une cage virtuelle construite à l'intérieur de lui-même, et que l'on appelle la conscience.

Sortir de sa zone de routine planifiée constitue un apprentissage du regard. Car il n'existe pas deux zones clairement délimitées, qui seraient l'une de confort planifié, l'autre d'inattendu risqué. Il existe plutôt une zone de confort mouvante qui jouxte une zone de surprise mouvante, débouchant à son tour sur une zone « interdite ». Elle est aussi mouvante et porteuse de risques extrêmes. Mais tout ceci n'existe pas dans l'absolu. Nous ne partageons pas les mêmes zones, loin s'en faut. C'est à la fois une question de désir, de valeurs et de compétences.

L'inattendu et l'imprévu constituent des dynamiques créatives, donc surprenantes et à la source de toutes les vies intenses. C'est aussi en cela que l'improvisation fleurit au cœur de la plupart des vies surprenantes. Elle consiste à avoir le courage de passer à l'action sans tout savoir, de risquer sans connaître l'étape suivante, de faire confiance à l'imprévu sans posséder toutes les garanties.

L'improvisation, c'est dans une situation inattendue, ne pas essayer de savoir trop précisément ce qui va arriver.

Face à l'inconnu, on a tout intérêt à suivre cette recommandation du Rabbi Nahman (1772-1810) : « *ne demande pas ton chemin à quelqu'un qui le connaît, tu risquerais de ne pas t'égarer* ».

« *Vous devez apprendre à renoncer à la vie que vous avez planifiée, afin de vivre la vie qui vous attend* ». Cette forte injonction de Joseph Campbell[36] éveille notre attention sur l'importance des bifurcations à l'échelle d'une vie humaine. Certains de ces carrefours du destin peuvent être anticipés. Telles sont les échéances pré programmées qui bornent toute existence : seuils de l'âge (majorité, retraite, etc.) ou contraintes inéluctables (autonomie et départ des enfants, vieillissement, perte progressive des Anciens).

« *La vraie vie* », a écrit John Lennon, « *C'est ce qui arrive quand on se préparait à faire autre chose.* » La plupart des bifurcations intéressantes, celles qui rendent une vie mémorable et viennent nourrir d'intensité notre devenir, se révèlent dans la majorité des cas de façon tout à fait imprévue.

Un vieux principe des peuples nomades enjoignait, lorsque l'on croisait un étranger, d'immédiatement « aller au voyageur », fût-ce autour d'un thé à la menthe. Cette expression mêle en une seule idée l'inattendu de la rencontre et celui du territoire. Car les nomades n'avaient jamais le temps de fraterniser longtemps avec ceux qu'ils croisaient dans le désert. « Aller au voyageur », face à un inconnu qu'on n'aura guère le temps de connaître, c'est s'intéresser en priorité au « voyage » - bien réel ou tout intérieur - qu'il vit. Car tout le monde fait un voyage, intellectuel ou spirituel, artistique ou poétique, qu'on soit monté sur un chameau ou porté par un noble dessein. Être vivant, c'est avant tout être en voyage le long d'un chemin parsemé d'aventures surprenantes, autant celles déjà vécues que celles encore à venir.

[36] Puissance du mythe (entretiens avec Bill Myers), éditions Oxus, 2009.

Chapitre 13
En attendant l'étincelle
Et si le chaos était la pierre angulaire de la stratégie des organisations ?

Christophe MONNIOT

En mathématiques, la théorie du Chaos, popularisée dans les années 1970, nous permet de visualiser l'immense complexité des systèmes dynamiques. Cette théorie affirme, comme dans les mythes et religions, que les systèmes déterministes adoptent des comportements aléatoires et qu'il demeure un ordre caché sous le désordre apparent. L'attracteur de Lorenz, montre que dans un mouvement apparemment erratique se dessine une figure organisée autour d'un point : l'attracteur étrange.

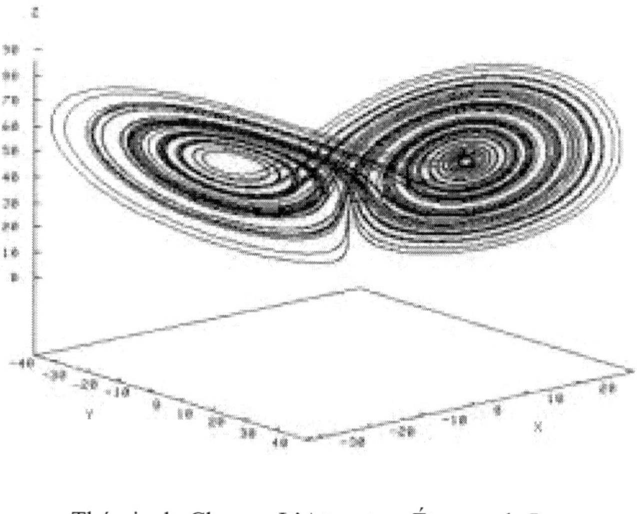

Théorie du Chaos – L'Attracteur Étrange de Lorenz

Si l'on en croit la mythologie ou les scientifiques avec le Big Bang, de nombreux possibles sont tous contenus dans le moment présent. Les phénomènes aléatoires présentent une structure et sont en réalité prévisibles : ils sont simplement chaotiques. Face à la complexité, la rapidité de la circulation des données provoque l'accélération et l'intensification d'événements disruptifs. La question qui se pose alors pour le dirigeant est de savoir s'il est possible de garder le contrôle dans un environnement pareil. Que faire quand tout semble nous échapper ?

Je vous propose un parallèle entre la notion de Chaos et la capacité que nous avons tous, à tout moment, de décider de créer un nouveau commencement quand l'état présent ne nous convient pas. La période de crise sanitaire a un goût d'avant-garde de ce qui pourrait se profiler à l'horizon. Le COVID a révélé que nous pouvions collectivement, au niveau international, trouver des solutions qui permettent de conserver la stabilité tout en évoluant... Les germes du nouveau sont présents.

Si on se réfère à la loi des probabilités, plus un marché est volatile et plus la valeur des options est élevée avec plus de créativité et de possibilités de progrès, mais aussi de régression.

Sur quoi agir pour intégrer la notion de chaos au service des transformations ?

Je vous propose deux points de vue, celui de Marie Ziegler, directrice de la stratégie, membre du Codex de Somfy - une entreprise internationale de domotique pour l'habitat connecté – et le mien, fruit de ma propre expérience.

Témoignage d'une transformation collective dans le chaos

Marie témoigne sur la façon dont son entreprise aborde un monde de plus en plus volatile, incertain, complexe et ambigu. Elle a vécu, juste avant le COVID, une période de transformation de grande ampleur qui a vu la création du département qu'elle dirige. Cette transformation a permis à l'entreprise d'être plus solide et d'absorber le choc de la crise sanitaire. Comment ?

L'entreprise a renforcé son recentrage autour de l'expérience client afin de pouvoir mieux répondre à leurs besoins dans l'avenir. Le client devient un véritable partenaire. Il s'agit de « *Travailler avec eux : pour cerner plus en détail et de façon très spécifique leurs enjeux, leurs besoins et pour leur apporter de nouveaux, services et outils additionnels, au-delà des produits.* »

Selon Marie, « *Il est essentiel de co-créer et de co-développer avec les clients, de nouvelles réponses à leurs questions. Ainsi, collectivement, nous pouvons faire face aux enjeux de demain tout au long de cette chaîne de valeur en les soutenant dans leur business au quotidien, et en développant avec eux des partenariats : se rencontrer régulièrement pour parler stratégie et se projeter ensemble à long-*

terme ; et même développer avec les clients, les fournisseurs, une vision du futur. »

L'enjeu essentiel de Marie est celui de l'adaptation : « *Se poser la question de la pérennité, adapter et s'adapter en permanence, repenser et ajuster le business model au regard de ce qui se passe sur les marchés, s'obliger à penser à l'agilité en interne et à rester humble face à la complexité de la transformation des marchés.* »

Essentiel aussi de travailler au développement des collaborateurs et des équipes pour faire face à ces transformations. Pour Marie, « *Adresser la question du sens est crucial. Cet enjeu sociétal, auquel on doit faire face en tant que citoyen, en tant qu'entreprise, en tant que parent, représente aussi une opportunité.* » Je fais ici le lien avec l'attracteur étrange de la théorie du Chaos. Un autre défi est d'accepter qu'il y ait une part d'incertain. *« Ce n'est pas cependant aisé, cette dimension de l'incertain, on n'a pas été formé pour ça. Voir l'imprévu comme une opportunité de créativité représente un changement réel de paradigme. Cela sous-entend qu'il est nécessaire d'accompagner les équipes dans cette transformation-là.* »

« *Aujourd'hui, les challenges auxquels fait face l'humanité sont porteurs de sens par eux-mêmes et l'entreprise doit être en lien avec ces défis. Chez Somfy, les collaborateurs ont la chance de partager une vision d'entreprise qui contribue à la réduction de l'impact carbone. Ce qui fait que ça marche, c'est que cela fait sens pour les trois : les individus, l'entreprise, la planète.* »

Est-ce suffisant d'avoir une vision partagée dans le chaos ?

« *Non. Il est nécessaire de mettre en œuvre des laboratoires d'expérimentation, pour développer la capacité d'apprendre en permanence. C'est vital d'aller chercher la diversité, car les problèmes sont de plus en plus complexes, ardus à résoudre seul. Travaillons-en co-création, en équipe, en partenariat en interne et avec les clients. C'est la qualité de la relation qui va permettre de partager réellement les défis : chacun peut s'exprimer et oser sa créativité, sans crainte de paraître faible, ignorant ou incompétent. La multiplication des scénarios pour aller vers la vision, permet de trouver l'adaptation. (…) Il est important en tant que Leader, de développer la solidarité des collaborateurs. Ainsi, le jour où l'imprévu arrive, ils pensent à l'intérêt commun avant de chercher des responsables et des coupables. Ce socle passe par un devoir de reconnaissance des collaborateurs, leur donner confiance donne confiance dans l'équipe ; ça crée, la solidarité, la solidité. Quand le chaos arrive, les réflexes, les méthodes, les compétences, reviennent, les collaborateurs acquièrent leur expertise dans leurs domaines distincts. La confiance crée la plus grande différence. Les bons réflexes sont présents, car validés en amont et donc efficaces ce qui permet d'aller droit au but. L'incertain peut faire peur et nous met dans l'urgence. C'est notre devoir de leader de rassurer et de proposer des temps de recul. Montrer que dans ce chemin inconnu, incertain, imprévisible, nous avons tout pour réussir et accepter nous-mêmes d'être surpris même si cela n'est pas naturel. C'est magique de se laisser surprendre par nos collaborateurs et l'aventure d'apprendre en équipe en permanence.* »

Marie a une forte conviction : « *Ce qui évolue et doit évoluer, c'est la notion d'échec. Tout le monde peut se tromper et si l'erreur n'est pas acceptée alors aucun apprentissage en ressort. On va se tromper, c'est un fait lié à cette évolution permanente, où le prévisible à 100 % est impossible. À un moment donné, une nouvelle composante du marché ou une rupture technologique intervient et met en cause le projet lancé. Il s'agira de réévaluer la situation et de s'adapter : s'accorder le temps du recul dans l'urgence, pour analyser en marchant et innover. C'est une révolution et une transformation du mode de pensée actuel.* »

La qualité de la relation est le ciment qui va permettre d'accueillir le chaos surtout quand l'attracteur étrange est la survie de l'organisation.

Témoigner d'une transformation personnelle dans le chaos : de Trader à Dirigeant.

J'ai rencontré plusieurs ruptures. La dernière de ma carrière de financier a été initiée par la crise de 2008. D'une brutalité extrême, elle a précipité les marchés dans un chaos indescriptible qui a ricoché sur nos vies. Deux options se présentaient : lutter pour rester dans la finance internationale avec son adrénaline et ses aveuglements ou accueillir la situation comme une opportunité, sortir et me réinventer… Je me suis rendu compte après coup, que les germes de mon futur, avaient pris racine très tôt. Adolescent, j'étais passionné par la philosophie, la psychologie et les métiers du soin. Aujourd'hui, c'est ce que je fais avec bonheur.

Depuis 2003, j'étais entré en lutte. J'avais ignoré mes propres signaux de perte d'énergie, annonciateurs d'un changement que je redoutais. Je n'avais pas voulu voir que cela faisait déjà plusieurs années que certains prédisaient la fermeture de notre structure. Quand le chaos approche, on peut être dans le déni, chercher à l'éviter, le retarder. Quand je fais le parallèle entre la crise financière et ma lutte intérieure, je réalise que je n'ai pas voulu percevoir les signes. La banque dans laquelle je travaillais, non plus. Pire encore, le marché lui-même n'avait pas voulu écouter les signaux faibles. Nous avons lutté contre la menace sans considérer l'opportunité. Que ce serait-il passé si nous avions considéré les deux en même temps ?

Je me suis retrouvé confronté à une situation semblable, onze ans plus tard, en pleine pandémie. C'est dans le chaos de la maladie et du confinement que j'ai pris la décision d'opérer un nouveau changement. Riche de mon expérience, j'ai pu être attentif aux signes. J'ai pu anticiper, effectuer des choix au bon moment, je n'ai pas évité le chaos, j'étais préparé. J'ai traversé les mêmes mécanismes de lutte qu'en 2008, mais cette fois beaucoup plus vite. Mes décisions ont été prises immédiatement, car le projet d'avenir qui était déjà dans les cartons, s'est cristallisé instantanément. Ce qui a vraiment fait la différence, c'est l'anticipation. J'avais mis un nouveau sens à mon désir : plus de sens collectif que d'ambition personnelle.

Ayant imaginé de façon symbolique, pas vraiment argumentée et rationnelle, des scénarios possibles de ma vie dans 10 ans, j'avais tissé de nombreuses alliances. En 2020, le chaos a fait émerger cet attracteur étrange : mon désir d'aller vers du vivant et quelque chose de plus important que la personne que je suis. Le chaos a précipité la transformation de l'obsolète en du nouveau, déjà en germe, autour du nouvel attracteur. J'ai examiné la réalité se construire avec objectivité et pu anticiper. L'ingrédient qui a rendu la chose possible plus rapidement, c'est la qualité de la relation au sein d'alliances intimes.

Lorsque la volonté est de contrôler pour éviter les risques, la rupture est encore plus explosive. Le contrôle est possible dans un monde restreint, dans le modèle des dictatures qui isolent, divisent, séparent. Combien d'entre nous ont vécu un management qui reposait sur l'adage « diviser pour mieux régner » ? Aujourd'hui, le monde est connecté, tout est relié, il évolue vers le modèle du vivant interconnecté.

Le chaos fait partie du vivant, il est organique, énergétique, systémique et cyclique, un élément permanent de nos existences. Le chaos met fin à ce qui use, qui n'est plus supportable, qui ne marche plus. Il est la fin et le début, à la fois dedans et dehors, la connexion et l'attitude face à l'avenir. L'embrasser, et ne pas lutter permettent de le vivre bien et d'en sortir créateur d'un avenir désiré. Qu'on soit dirigeant (e), manager, ou parent, comment l'accueillir comme une opportunité et parfois même le provoquer plutôt que d'attendre de le subir ?

Vouloir rester ancré sur le passé, rend les choses plus difficiles. La vie va de l'avant. Accueillir le doute, le vide, la confusion et danser avec, permet à notre cerveau d'établir de nouvelles connexions neuronales et d'innover. C'est dans les contradictions, les peurs, les enthousiasmes, que peu à peu le nouveau va émerger, le chaos est une stimulation.

Et si le chaos était gazeux n'attendant qu'une étincelle pour enflammer la transformation, brûler l'obsolète pour servir d'engrais au nouveau ?

Chapitre 14
Devenez sorcier, Devenez stratège !
Comment réconcilier l'imagination et la raison au service des décisions stratégiques ?

Guillaume DARMOUNI

« *Agir en homme de pensée, penser en homme d'action.* »
H. Bergson

L'Opéra de Sydney

En février 2020, quelques jours avant le confinement causé par la pandémie du coronavirus, j'étais en Australie pour un déplacement professionnel. Je n'ai pas manqué d'aller admirer le bâtiment qui me fascinait étant petit : l'Opéra de Sydney. Bâti sur la presqu'île de Sydney Harbour, imaginé par l'architecte danois Jørn Utzon, l'Opéra évoque un bateau toutes voiles dehors. Ce bâtiment, reconnaissable entre tous, a frappé des générations de touristes venus le visiter, mais aussi ceux qui l'ont vu sur un écran, dans un livre, comme moi depuis ma chambre d'enfant parisien.

L'impact universel de l'Opéra de Sydney est dû à son apparence audacieuse : ses toits sont sphériques et blancs. La visite de l'Opéra m'a fait découvrir la réalité de la face extérieure du toit : le toit n'est ni sphérique, ni blanc.

Il n'est pas sphérique. C'est des petites tuiles carrées plates qui forment, progressivement, une courbe en trois dimensions. Les éléments plats étant bien plus faciles et économiques à fabriquer et transporter, c'est une évidence me direz-vous. Je vous répondrais que bien des dirigeants cherchent des tuiles sphériques pour bâtir un toit sphérique et des tuiles plates pour construire des toits plats.

Il n'est pas blanc. Grande fut ma surprise de voir que 50 % d'entre elles étaient beiges ! La raison est pourtant simple : un toit parfaitement blanc réverbérerait trop la lumière et serait impossible à contempler... Attention donc à ne pas choisir que des tuiles blanches pour votre toit blanc.

La raison et l'imagination

Vous l'avez compris, l'exemple de l'Opéra de Sydney n'est qu'une métaphore, pour aborder les deux notions. Nous allons les explorer dans ce chapitre pour considérer les décisions stratégiques.

La raison, telle que je l'entends ici, mobilise les facultés analytiques du cerveau. Elle nous fait penser à utiliser des éléments plats pour construire des sphères.

L'imagination, telle que je l'entends ici, mobilise les facultés créatives du cerveau. Elle nous fait penser que 100 % blanc, ça serait trop blanc.

J'élabore l'hypothèse ici, que les entreprises en général et les dirigeants en particulier ne font pas assez appel aux deux pour concevoir, élaborer et mettre en œuvre leur stratégie.

Le stratège et le sorcier

Le titre de ce chapitre est un clin d'œil au livre de Georges Charpak et Henri Broch *Devenez sorcier, devenez savant* où les auteurs (deux physiciens, Charpak étant lauréat du Prix Nobel) s'attachent à montrer qu'on peut exercer la sorcellerie avec quelques notions de science. J'ai choisi d'y faire référence pour aborder le thème de la sorcellerie en entreprise, et notamment en stratégie.

À mon arrivée dans l'équipe Stratégie d'un grand groupe, je m'étais procuré un manuel de stratégie à l'usage des étudiants en "business". Très didactique et illustré, ce manuel passait en revue toute la boîte à outils stratégiques traditionnelles : analyse concurrentielle, forces de Porter, chaîne de valeur, positionnement différenciant, stratégie de groupe, stratégie internationale, matrice SWOT… Tout y était !

Cependant, un passage avait capté mon attention au point d'éclipser tout le reste : *« L'inimitabilité représente le socle de l'avantage concurrentiel [...] au cœur de la notion même d'inimitabilité, il y a un mystère, et c'est ce mystère qui protège l'entreprise des imitateurs.*[37] »

Les pages suivantes ne me fournirent pas l'éclaircissement escompté de ce mystère, faisant simplement référence à la culture d'entreprise et à la notion d'ambiguïté causale.

---

37 : A. Vas, "Stratégie d'entreprise, voyage illustré", Dunod 2020, p112.

Comme Charpak et Broch, je vous propose d'explorer certains mécanismes de ce mystère pour se transformer en un "sorcier" et/ou susciter des vocations de sorcier dans votre entreprise. Le sorcier, être multiple, nous propose plusieurs pistes pour demain par ses multiples incarnations : voici quelques exemples issus de situations vécues !

Un petit graphique vaut mieux qu'un discours fleuve

Je travaillais sur le plan stratégique d'une entreprise énergétique québécoise en forte croissance, spécialisée dans la rénovation des bâtiments et les économies d'énergie. Forte de son succès au Québec, elle se tournait vers l'expansion géographique. Après Québec et Montréal, elle s'était implantée à Toronto et à New York, et la question était : dans quelle ville ouvrir le prochain bureau ? Les critères de choix, les « facteurs clés de succès » dans le secteur d'activité, étaient effectivement connus des dirigeants : (i) une demande pour l'efficacité énergétique (ii) le prix de l'énergie et (iii) les subventions publiques. Il me semblait qu'il en manquait un essentiel : la taille du marché !

La taille du marché étant proportionnelle au nombre de bâtiments, donc au nombre d'habitants de l'agglomération, j'ai préparé un graphique avec la taille des métropoles nord-américaines par population. J'ai pris soin de représenter visuellement les tailles respectives de chaque ville avec des barres verticales rouge. Ainsi présentée, impossible de louper la conclusion stratégique de l'exercice : la taille des activités de l'entreprise dans chaque marché était inversement proportionnelle à la taille du marché. À cette époque, le plus gros marché de l'entreprise était autour de la ville de Québec (800 000 habitants), puis Montréal (4 millions d'habitants) ; puis Toronto (6 millions) et enfin New York (20 millions).

Le PDG s'est exclamé « *On devrait garder ce graphique sous les yeux tous les jours !* » La décision a été prise de démarrer à Boston (5 millions d'habitants) avec une vue à long terme sur Los Angeles (13 millions) … Mais surtout d'investir dans les bureaux actuels vu leur potentiel de croissance comparé à Québec, rééquilibrant ainsi le dilemme stratégique : s'étendre ou renforcer ses parts de marché là où l'on est déjà présent ?

La formule magique

Une autre fois, je planchais sur la stratégie commerciale afin de présenter la meilleure offre selon le critère de sélection du client. Ce critère représentait la valeur créée tout au long de la durée de vie du projet, appelée “valeur actuelle nette” (bien connue des financiers). Elle agrège les coûts et bénéfices, en prenant en compte le temps et l’inflation en utilisant un touffu fichier de calcul. Lors d’un appel d’offres, l’entreprise qui présentait le projet avec la plus haute valeur actuelle nette l’emportait.

Après quatre mois passés sur une offre extrêmement complexe, le temps était venu de la soumettre au client et donc de déterminer cette valeur actuelle nette. Je connaissais sur le bout des doigts tous les chiffres du projet, j’ai eu l’honneur de remplir le fichier de calcul… Ce qui m’a pris une semaine, beaucoup d'efforts et, à la fin une grosse surprise !

Après avoir saisi toutes les informations, avant d’aller examiner le résultat en première page, j’ai fait une pause et je me suis rendu compte que je n’avais aucune idée de l’ordre de grandeur de la valeur calculée par le fichier : cent mille dollars ? Un million ou dix millions ? En réalité, malgré quatre mois de travail intense, j’étais incapable de savoir si nous avions une bonne offre selon ce critère stratégique. L’entreprise avait une approche plutôt empirique à ce sujet, alors que c’était le plus important pour remporter le marché.

Malheureusement, un projet concurrent a remporté l’appel d’offres cette fois-là…. Les concurrents commençaient sérieusement à nous tailler des croupières, principalement en imitant nos offres, mais en étant légèrement plus agressifs sur les prix.

Clairement, il nous manquait une intuition de la formule de calcul, idéalement une formule magique ! Par hasard et chance, j’ai fini par la trouver ! Voici à quoi elle ressemblait :

Valeur actuelle nette : E x (P – K)

La valeur cherchée dépendait uniquement de deux facteurs dépendant de nous (appelés ici E et P) et d’une constante K fixée par les informations données par le client. Imaginer la réaction des dirigeants quand j’ai démontré que l’on pouvait remplacer un immense fichier de calcul par une formule d’une ligne : « *On aurait dû t’embaucher plus tôt* ! » La constante K fut même baptisée de mon nom: le facteur Darmouni !

Avec cette formule, nous pouvions facilement modéliser et prédire la valeur de nos projets futurs. Grâce à la confiance des dirigeants et de mon équipe projet, le travail de conception des ingénieurs a pu être orienté dès le début, dans la direction d’optimisation de la valeur. Un autre bénéfice bien utile fut d’utiliser cette formule pour décoder les offres de nos concurrents. Dès les mois suivants, l’entreprise a repris le leadership en remportant plusieurs projets majeurs, victoire !

Cerveau droit (et gauche) dans ses bottes

Qu'est-ce qu'une bonne idée ? C'est lorsque l'imagination et la raison fonctionnent ensemble. Imaginer un effet d'échelle globale est nécessaire pour dessiner la courbe du toit de l'Opéra avec des tuiles droites, tout comme un calcul analytique est nécessaire pour doser la couleur beige de ce toit à 50 %. Je bâtis l'hypothèse que ces deux notions sont souvent dissociées dans les processus stratégiques et j'espère vous avoir proposé de premières pistes stimulantes pour y remédier.

En s'inspirant de la figure du sorcier, amusez-vous à utiliser vos « deux cerveaux » en même temps lors de vos prochaines discussions stratégiques ! Par exemple :

- Le sorcier, c'est celui qui éveille l'imagination : utilisez un langage symbolique et visuel.
- Le sorcier, c'est celui qui devine : faites des calculs et estimer les probabilités de plusieurs scénarios.
- Le sorcier, c'est celui qui apporte du nouveau : soyez créatif et proposer une analyse ou synthèse qui n'a jamais été faite avant ici ou ailleurs.
- Le sorcier, c'est celui qui envoûte : forger un discours qui convainc à la fois par son raisonnement logique et les émotions qu'il suscite chez l'auditoire.

A vous de jouer.

PARTIE 3

AU CŒUR DE L'ORGANISATION ANTISISMIQUE

Chapitre 15
Devenir par gros temps
Sur quoi fonder une stratégie antisismique ?

Danièle DARMOUNI

« *Les catastrophes s'accélèrent, on ne peut plus rien prévoir... Il est urgent d'attendre...* » Ces discours apparemment pleins de « bon sens » nous mettent régulièrement dans l'impuissance.

Et pourtant, nous vous proposons ici d'explorer comment préserver et revitaliser nos organisations par gros temps, quand les repères sont bousculés et que les enjeux se multiplient tout en se complexifiant.

Choisir la jungle ou la forêt dans un système humain, disons un comité de direction ?

Loi de la jungle - en l'absence de règles de vie partagées, qui permettent l'émergence d'un collectif mature, capable de collaborer, un codir est souvent une addition d'individus qui, au mieux, fonctionnent en silos parallèles, se rencontrent le moins souvent possible, au pire, sont comme des prédateurs en chasse qui redoutent de rencontrer un autre prédateur, plus dangereux encore. La performance et la créativité d'une réunion de ce comité sont souvent inférieures à l'addition des potentiels de chacun de ses membres. C'est la loi de la jungle qui règne en maître lorsque les égos de chacun entrent en compétition pour répondre à leurs enjeux personnels. Les potentiels individuels s'annulent dans des jeux à sommes nulles et plus ça change, plus c'est un peu plus de la même chose.

Loi de la forêt - D'où l'intérêt de faire témoigner dans les prochains chapitres, des leaders qui, en dépit des pressions, continuent à faire vivre sur le terrain la loi de la forêt leur choix en faveur de la coopération soutenue par de la coresponsabilité et de la co-protection.

Comment rendre son organisation capable de créer de la valeur sur la durée et de traverser les ruptures et les tremblements de terre réels ou symboliques qui constituent son environnement ?

J'ai trouvé l'inspiration par analogie, en lisant un article qui décrivait la spécificité d'une architecture antisismique dont les fondations, à la fois souples et solides, permettent de construire dans des régions soumises au tremblement de terre. Je vous propose donc de « bâtir » sur des fondations antisismiques, une organisation souple, dynamique et diverse où il fait bon vivre où chacun, connecté à son désir de vie saura favoriser en continu des émergentes innovantes.

La construction des fondations : quelles en sont les étapes ?

La première étape

En l'absence de tout repère connu penser à se munir d'une boussole, un peu particulière, dont l'étoile polaire sera le cap choisi par l'ensemble des acteurs de l'écosystème. Ce cap nomme le rêve, l'intention qui les rassemble et qui se traduira par un projet collectif concret.

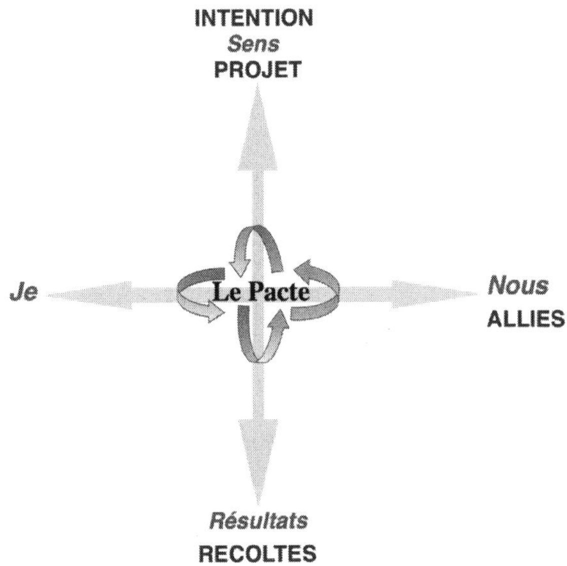

La deuxième étape : s'accorder sur un pacte

Selon Michel Maffesoli, le consensus nécessaire à toute vie en société « *ne se réduit pas à la rationalité mais il comporte une forte charge d'émotionnel, il met en jeu passion affects et valeurs*[38] ».

Avec la notion de pacte : l'engagement mutuel s'inscrit dans une démarche d'alliance des différentes parties en présence qui s'accordent

[38] Michel Maffesoli, L'Apocalypse, CNRS Editions, 2009.

pour établir leur relation sur des principes, des valeurs et des attitudes capables de transformer la cacophonie de leur organisation en « une symphonie collective ».

Le pacte pose les fondations d'un collectif « NOUS », composé de « JE » différenciés ET reliés, qui s'engagent à contribuer ensemble autrement à la mise en œuvre du nouveau projet collectif. Ils sont prêts à franchir à plusieurs, le seuil du connu pour pénétrer un territoire inconnu et l'explorer ensemble. Le pacte pose une finalité, des valeurs communes auxquelles se référer afin de créer ensemble une croissance harmonieuse, respectueuse de l'ensemble des ressources humaines et matérielles de la société.

Ainsi chaque personne, en tant que « JE » individuel, peut s'ajuster en continu sur ce cap quels que soient les aléas associés à la traversée dans l'inconnu…

L'élaboration du pacte implique de favoriser, en continu, un dialogue approfondi entre les membres de l'organisation, à partir de questions fertiles sur leur valeur et leurs enjeux d'évolution, enjeux individuels et collectifs. Ce dialogue autour du pacte ouvre la possibilité d'une relation d'intimité partagée de haut niveau.

Le pacte contribue ainsi à bâtir des fondations solides pour le déploiement de la puissance de création de tous, tout en évitant les dangers de la toute - puissance de quelques-uns.

Il devient le creuset d'une *nouvelle alliance*, une dynamique qui n'occulte pas les désaccords, car ceux-ci sont prévus et perçus comme une source de renforcement de l'alliance. Cela suppose d'apprendre *à se raccorder* en prenant le temps de s'harmoniser : entrer dans un état de réceptivité d'observation, de curiosité, d'écoute de ce qui manque et d'ouverture à ce qui est déjà là.

L'organisation a besoin de l'inclusion de tous ses collaborateurs pour entreprendre c'est-à-dire de leur sentiment de faire partir d'une alliance solide autour d'un projet ; sinon l'organisation reste conservatrice et passive. D'un autre côté, ceux qui ont l'esprit d'entreprendre et d'innover, les jeunes créateurs de start-up par exemple, ne se sentent pas en affinité avec les structures classiques : non seulement, ils ne voient pas toujours à quoi peut servir une organisation, mais encore, ils la vivent souvent comme coercitive, *« un lieu pour se faire exploiter… »*

Il ne s'agit donc, pas de mettre en place une alliance à n'importe quel prix. La question est de savoir quel contexte est approprié pour que les personnes concernées osent entrer dans un processus créatif[39].

La troisième étape : faire évoluer le pacte pour le garder vivifiant sur la durée

Être dans le flux[40] et choisir ce qui est, apprendre à se glisser dans le flux du vivant en moi et autour de moi ...Accueillir les limitations de chacun, apprécier les différences, se rapprocher, laisser de l'espace dans la relation pour l'imprévu, l'intuition, le mystère...

Cette disponibilité et la qualité de présence qu'elle rend possible nous ouvre à l'inspiration puis à l'intuition d'une réponse neuve : *saisir le grain de sable qui permet de rebondir.*

En résumé, les leaders du vivant choisissent de vivre et de se développer avec les autres. Ils s'invitent mutuellement au retournement et à l'enrichissement à partir du côté ludique de la vie. Ils choisissent librement ce que la vie leur présente, *comme un présent au présent.*

Ils renoncent à attendre autre chose que ce qui advient : ils préfèrent aller avec le flux et laisser la vague les amener sur l'autre rive. Comme disent les marins, *on ne commande au vent qu'en lui obéissant ...* et quand rien de tout cela ne marche, alors par l'articulation alchimique du rire et de l'amour, ils reprennent souffle et sourient ensemble.

[39] Cf. chapitre 1 : L'innovation relationnelle : *quels ingrédients visibles et invisibles* ?

[40] Cf. chapitre9 : Flux et vibrations : *comment préserver vitalité, dynamisme et joie de vivre* ?

Chapitre 16
Naviguer dans la tempête
Comment faire évoluer son organisation tout en gardant son âme ?

Entretien de Laurent ALLEMAND
par
Marc GUIONNET

Quels sont tes sujets pour les 30 ans à venir ?

Si le changement n'est pas inattendu, sa rapidité et sa complexité, oui. En tant que Leader, je suis confronté au quotidien à ces impacts, comme le sont mes équipes, et mon organisation. Ainsi, pour jouer pleinement mon rôle, j'ai deux « obsessions », deux sujets vitaux à relever.

Le premier, c'est l'accélération du changement. Sous l'impulsion du digital, le temps se raccourcit. L'information devient vite obsolète. La décision cohérente du lundi est potentiellement périmée dès mardi. Mon entreprise, sera-t-elle la prochaine victime de la lenteur d'adaptation et du manque de vision ?

Mon rôle est de sentir les tendances tôt pour maintenir une position proactive. Capter suffisamment de signaux faibles pour en déduire une trajectoire encore naissante. Saturé d'informations rapidement périmées, ce tri demande de garder la tête froide et de comprendre les ruptures. Il est plus aisé de minimiser l'impact d'une potentielle évolution que d'aller l'affronter. Dans la tempête, le choix est simple : rester assis sur ses peurs ou marcher vers l'inconnu. Pas le temps de tergiverser. « Laissons décanter » n'est plus une alternative. Les décisions sont à prendre promptement pour donner le temps à son organisation d'intégrer ces changements.

Comment goûter l'aventure sur des terres inconnues, cultiver curiosité et audace ?

Le Général Mac Arthur avait trois points de débarquement possibles pour la reconquête de la Corée en 1950. Au sud, la poche étroite est toujours attachée aux Américains. Le territoire est sûr, mais pas assez grand pour se déployer. Deuxième option, débarquer sur le flanc Est, territoire constitué de vastes plages appropriées à un débarquement. Il se dit « *ridicule, c'est là qu'ils nous attendent* ». La troisième option est la côte ouest, un territoire mal cartographié, dont on a très peu d'informations. Mac Arthur décide « *On va attaquer par la face inconnue, c'est là qu'il y a le plus d'opportunités* ». Dans un temps court, il reprend la moitié Sud de la péninsule.

« *C'est l'inconnu qui offre le plus d'opportunités* », relève du bon sens. Les territoires connus ont été battus dans tous les sens, et leur potentiel déjà exploité. La marge de progression est plus faible. Rester sur ma banquise, ou m'isoler dans une grotte en espérant des jours meilleurs n'est pas une alternative. Plutôt sortir pour sentir le vent, apprendre à surfer sur les vagues, pas à les combattre. L'équilibre entre « *s'ouvrir* » et « *se recentrer* » est complexe. Si tu t'ouvres trop il y a un risque de dispersion, d'épuisement et de perte de sens. Ce que j'ai gardé du coaching, c'est de faire la différence entre sentir le sens du vent et poser mon intention de direction. Après chaque « *prise de vent* », je reviens à ma boussole[41], à mon cap afin de m'aligner. Je ne change pas de destination, j'ajuste la route et j'enrichis le projet.

Pour illustrer ce risque, il me revient une expérience. Jeune cadre, je travaillais dans un hôtel « 4 étoiles » sur une plateforme aéroportuaire extrêmement concurrentielle. Nos résultats s'effritaient, nous étions sous pression. Le « 3 étoiles » d'en face se remplissait. On a repris les niveaux de service et les prix d'un « 3 étoiles », pour constater que le « 2 étoiles » voisin marchait encore mieux ; puis on a fini par prendre des marchés au « 1 étoile » qui faisait un carton... Une catastrophe : nous avons perdu notre clientèle historique, notre équipe et notre image. Un client « 4 étoiles » qui vient chercher calme et attention aux détails, ne se reconnaît pas dans un hôtel qui reçoit des groupes avec une prestation low-cost. Le manque de cohérence, et le changement trop rapide nous avaient « tués ». Depuis, j'ai retenu la leçon. Faire du « copié-collé », fera de nous des suiveurs et nous fera perdre notre ADN. **Le défi est celui de conserver son âme tout en faisant évoluer son modèle.**

Deuxième sujet : on ne peut faire face, seul. Seul un écosystème diversifié peut répondre aux multiples questions. Le casting ne forge pas tout. Les équipes aguerries de football le vivent régulièrement. Apprendre la co-création, pour s'adapter ensemble et rapidement, est une absolue nécessité. C'est cultiver un état d'esprit, une profonde conviction que seul, je ne suis rien. Selon Martin Luther King : « *Nous devons apprendre à vivre ensemble comme des frères, sinon nous mourrons ensemble comme des idiots* ».

---

[41] Schéma Boussole, chapitre 15.

J'ai vécu une expérience marquante sur un projet de « start-up interne ». Lors d'une pré-présentation, notre dossier avait été jugé fragile et l'hypothèse d'un abandon avait été évoquée. Nous ne disposions que de quelques jours pour revoir la présentation. Or, lors du grand oral devant le Comex du groupe, le projet a été validé. Quelles ont été les clés du succès qui nous ont permis de passer d'un quasi « No Go » à une validation ?

La réponse est simple, nous n'avons pas cherché de coupable. Nous avons noté les objections et sommes allés solliciter ceux qui pouvaient nous challenger, nous « contraindre » encore plus à ajuster nos positions. Puis, nous avons rebâti notre démonstration, abandonnant celle maîtrisée de longue date. Nous sommes immédiatement entrés dans la recherche de solution. Nous avons lâché nos egos, et travaillé au service du projet, avec une méthode qui a permis à l'intelligence collective d'émerger et d'aboutir à une vraie co-création.

Le succès tient plus au mode de fonctionnement collectif, qu'aux compétences des acteurs. Les « fusion-acquisition » ont permis à certains de grandir à toute allure, sur le papier. Cela s'est aussi traduit, pour beaucoup, par de la perte de valeur, la dispersion des équipes, la désertion des clients. Le temps où le requin dévore son concurrent pour devenir le plus gros, touche à sa fin. Ces requins dodus ne font pas le poids face au besoin d'adaptation rapide. La stratégie durable passera par des alliances, et de la création d'écosystèmes dotés de modes de collaboration, équilibrés et porteurs de sens pour chacune des parties prenantes.

Pour cela, ne nous enfermons pas dès le début dans un cadre juridique contraignant. À titre d'exemple : notre activité majeure est « la conciergerie d'entreprise ». Certains clients nous demandent ponctuellement des hôtesses d'accueil pour leurs manifestations. Recruter, briefer, organiser… C'est un métier à part. Nous avons décidé de faire un partenariat avec une boîte spécialisée et de fonctionner sans règles ou contrat de partenariat écrit entre nos deux entreprises. Nous avons convenu de quelques règles commerciales et pour les aspects économiques, on verra après. Le jour où on sera embêté par des sujets tels que « comment on se partage les noisettes », c'est que nous aurons des « problèmes de riches ». Dans l'immédiat, « si on a confiance dans le faire ensemble, on va s'enrichir mutuellement, allons-y ». Et ça marche depuis quelques mois !

J'ai fait la même démarche avec une startup du digital. En avançant, je me suis rendu compte que nous n'étions pas si complémentaires. Il se jouait un début de rapport de force entre nos deux équipes, chacun cherchant à « défendre » son territoire. J'ai senti que nous aurions du mal à avancer ensemble. Mon équipe partageait le même constat. J'ai rappelé le patron de cette start-up en lui exposant la situation. Nous nous sommes arrêtés là en se remerciant pour l'échange vécu. Là aussi, c'était nouveau pour moi. Quand je lance quelque chose ; j'ai un côté enthousiaste, j'apprends à marquer un temps d'arrêt pour analyser, m'interroger sur ma perception de ce commencement, ma vibration par rapport à ce qui a été initiée. « Tout est au commencement », la réussite comme l'erreur. Soyons vigilant sur ce moment essentiel.

Quelle autre idée as-tu pour l'avenir ?

Nous avons à faire évoluer le lien employeur/employé pour générer un autre mode de collaboration. Les plateformes se multiplient et recrutent chaque jour plus d'utilisateurs. La soi-disant peur qui retiendrait le collaborateur dans l'entreprise pour un CDI, ou pour le bénéfice de jours de congés d'ancienneté appartient à l'Ancien Monde.

J'observe aussi des collaborateurs qui ont envie de créer et de consacrer une partie de leur temps pour faire naître un projet. Des entreprises innovantes l'ont institutionnalisé en incitant chacun à prendre ce temps pour innover. Beaucoup considèrent encore ce temps de « projet personnel » comme du temps pris à l'entreprise. La conséquence est souvent radicale, le collaborateur réellement innovant démissionne pour concrétiser son projet. J'en connais même qui sont devenus nos fournisseurs incontournables…

Qu'offre-t-on aux personnes qui peuvent faire réellement avancer la boîte ? Ne garder que des collaborateurs qui sont à 100 % dans la boîte, n'est-ce pas se scléroser ?

J'ai mené un projet de start-up en externe pendant quelques mois, en dehors de mes heures de boulot. Cette expérience m'a enrichi et à renforcer mon esprit d'entreprise et mon énergie au service de mon employeur.

Une autre réflexion pour développer le Leadership du Vivant®[42] ?

J'ai un jardin et je m'intéresse à la permaculture. Ce mode d'agriculture s'appuie sur les collaborations entre les espèces. Je fais le point régulièrement sur ce que j'apprends sur la permaculture et mon entreprise. Je trouve tellement de liens que je cherche comment aller plus loin dans l'intégration dans mon leadership de ces principes du vivant. Ainsi, pour qu'un arbre se développe plus rapidement, on mixe des champignons avec lesquels on arrose l'arbre avec afin de développer les mycorhizes et d'enrichir la terre. Grâce à cet apport, les échanges minéraux et gazeux entre ces substances présentes dans la terre et les racines sont bien plus efficaces. Ils se font sur le principe du donnant-donnant qui enrichit chacune des parties prenantes. L'arbre se nourrit de cette collaboration entre ses racines et son milieu. Ce n'est pas la cime de l'arbre qui produit la croissance, mais bien le dynamisme de ses racines qui nourrit l'ensemble de la structure et lui permet de grandir. Dans mon organisation, c'est bien la « front-line » de mes collaborateurs qui a le plus grand potentiel d'échanges et d'innovation.

Dans mon rôle de leader, mais aussi de citoyen, de père et de fils, comment être plus souple, jouer, profiter de l'énergie de la vague comme le fait le dauphin, plutôt que me faire écraser par sa puissance ? Comment me connecter aux autres, donner et recevoir, m'enrichir de ce village mondial, de cette diversité, plutôt que maudire l'autre ?

Grâce au coaching, je vois l'accélération comme un formidable terrain de jeu, un champ des possibles infinis. J'ai lâché la volonté de maîtriser ce changement. J'étais fait de conditionnements (la réussite se paie, travailler dur.) nourris de peurs. Face à l'inconnu, j'étais dans la sidération ou dans la fuite vers une « recherche de perfection ». L'horizon s'obscurcissait, comme le boxeur fatigué, dans les cordes, j'encaissais les coups, perdant chaque jour un peu plus de lucidité. J'ai pu m'extraire de mon quotidien et me libérer de mon armure. J'ai pu lever les voiles qui faussaient mon analyse et ma lecture des situations. D'autres modèles existent, il ne tient qu'à moi de changer de lunettes. J'ai pu apprendre à aimer l'incertitude contre qui je bataillais, apprécier pleinement la collaboration qui m'insécurisait et pris goût à l'inconnu, celui qui offre tellement de possibles et de belles surprises. Même si je suis encore en chemin, j'éprouve une gratitude immense pour ce chemin.

---

[42] op. cit. p26.

Lorsque la frénésie me fait oublier mes repères, que les nuages noirs se profilent et que je suis prêt une nouvelle fois à « enfiler l'armure » pour partir au combat, je révise les « lois du vivant ». Inévitablement, je souris. Comment ai-je pu oublier ? Pourquoi ce réflexe reptilien du combat, de la fuite ou du figement ? Pourquoi choisir la peur ?

La vie est finalement assez simple, tellement riche, tellement belle de découvertes.

Laurent Allemand est D.G. Circles – Groupe Sodexo

Chapitre 17
Transitions en douceur
Comment transformer une entreprise tout en préservant son essence ?

Entretien de Christophe SHAW
par
Danièle DARMOUNI

Peux-tu me parler d'une entreprise qui a su préserver son essence ?

Au hasard de mes rencontres, j'ai croisé de nombreuses entreprises avec un objet industriel solide, à l'étape de la transition digitale.

Je pense à une entreprise qui fabrique, depuis plus d'un siècle avec un ancien savoir-faire très industriel, de magnifiques baromètres qui figurent dans les musées. En 2017, cette entreprise évoluait vers l'électronique, tout en gardant le savoir-faire d'origine. Elle s'était déjà diversifiée, son positionnement avait évolué vers la métrologie, un service totalement certifié et opposable, donc orienté vers la fiabilité et la qualité des environnements sanitaires et médicaux. Depuis le rachat, l'entreprise a fait évoluer son offre vers du service digital complet : envoyer des alertes, un rapport régulier et proposer de passer en mode mobilité.

C'est une histoire centenaire avec un mythe fondateur autour de la qualité et de la fiabilité, qui est encore, aujourd'hui, son cœur de valeurs. Ainsi, il y a dans l'entrée un grand baromètre à cylindre qui est magnifique. L'entreprise propose de la très haute technologie avec des services de grande qualité comme la transmission sans fil haut débit - bas débit, et un vrai savoir-faire industriel qu'il est important de préserver. Tout l'assemblage étant en France, ils peuvent et savent adapter la production en permanence aux besoins des clients, en renforçant la différenciation de leur offre alors qu'une concurrence low cost a émergé, sur Internet.

Ce type de projet m'inspire. Je veux reprendre une boite dans laquelle, il y a un savoir-faire énorme et dans laquelle, l'entrepreneur quand le numérique s'impose, se dit : « *Ce n'est pas mon tour, je n'ai pas l'énergie de repartir sur un nouveau cycle avec le numérique prégnant* ».

Si tu reprenais une de ces entreprises, que ferais-tu ?

Le premier aspect essentiel est de continuer à s'appuyer sur les forces existantes, et même les renforcer, surtout ne pas faire un chambardement rapide qui n'a aucun sens. Je me souviens d'un de mes patrons qui disait : « *Écoute, quand tu prends un nouveau job, pendant 6 mois, tu ne prends aucune décision... Observe, fais-toi une idée, un début de plan, puis tu consultes tes collaborateurs et seulement après ce temps, tu décides* ».

C'est encore plus important, dans le cas d'une reprise : oser dire : « Oui, je connais le numérique, mais je ne connais rien à votre métier. C'est avant tout *à moi d'apprendre* ». Ne pas arriver en disant « Je sais, on va tout changer ». Avec cette posture de sachant, on impose le changement et ça fait de la casse aussi bien d'un point de vue humain que d'un point de vue business. Puis c'est le moment, par petites touches, de faire des expérimentations. Par exemple, changer une ligne de produits, la vendre à un premier revendeur et voir ensemble si ça fonctionne.

Ce que j'apporte aussi que je connais bien, c'est *la logique d'écosystème.* Je sais parler avec des personnes, pas directement rattachées à l'entreprise, avec qui il me semble possible de créer des connexions. Explorer le sujet avec d'autres plus ou moins proches, les rapprocher et créer des partenariats et des services qui font gagner du temps et de l'argent. S'allier à des personnes qui ont le même intérêt et imaginer une synergie entre nous. Si je vais plus loin, pour créer ces connexions, au début improbables, le secret, c'est de chercher quelles sont les proximités qu'elles soient géographiques ou business : qui vend au même client que moi et avec qui je ne suis pas concurrent. Puis poser le partenariat et son cadre : jusqu'où il va, à quel moment il faut intervenir soi-même, et pour quelle valeur.

Puisqu'on était sur le cœur de l'entreprise, ton cœur où est-il ?

Je suis quelqu'un de passionné. Je ne sais pas d'avance ce qui va me parler, tant de choses sont fascinantes. Le projet que je regarde en ce moment est autour de l'Agri Tech. Pourquoi ? Parce que c'est très proche des préoccupations du Monde, cela... m'interpelle et me passionne. J'imagine pouvoir avoir un impact rapide et concret. Chez Microsoft, il y avait cette impression de participer, modestement, à une belle aventure qui change le monde, à 120 000 personnes... Changer le monde là où l'on œuvre tous les jours, c'est un beau challenge... Relever le défi de ma quête de sens au travers du monde agricole me parle : il va falloir multiplier par deux la production pour nourrir le monde et réduire de 30% la quantité de gaz à effet de serre produite par cette industrie. Nourrir le monde, c'est un enjeu du Vivant.

Il y a aussi d'autres enjeux sur la pollution des sols, l'utilisation d'engrais azotés, les algues vertes en Bretagne et aux Antilles... Des enjeux qui donnent du sens à mon engagement : d'une part avoir de l'impact et d'autre part avoir des défis « impossibles ». Je suis attiré par ce secteur, un monde qui a des valeurs que je respecte. Parmi les paysans que j'ai croisés, je n'en ai jamais vu un qui prenne du plaisir à mettre de l'engrais polluant dans son sol.

Je me suis demandé : « *Et si je m'arrêtais de travailler, est-ce que je peux m'arrêter ?* » Eh bien oui, en faisant d'autres choix de train de vie, pourquoi pas. Deux critères m'ont fait prendre la décision de repartir pour un cycle :

- En premier, j'ai encore beaucoup d'énergie à donner : soit je pars sur une île déserte, soit je fais le tour du monde… Super… Suis-je prêt à y passer les 20 ans qui viennent ?... Eh, finalement, c'est non.
- Le second critère a été « tu vas partir avec qui ? ». Laisser derrière moi ma compagne et mes enfants, qui ont encore des choses à faire ici, partir seul… J'ai pris conscience que « *Non, ce n'était pas l'heure* ».

Depuis, je me sens plus joyeux que résigné. Plutôt joyeux, avec des interrogations sur ce que je sais vraiment faire. Suis-je en train de me faire violence ? Dans le passé, je me suis fait violence pour progresser dans une carrière, aujourd'hui, ce n'est plus mon moteur. Je suis prêt aujourd'hui à apprendre encore, mais autrement, en souplesse pour créer plus de sens.

Que tu vas mettre en place pour repartir autrement, vraiment ?

J'ai encore parfois ce syndrome de l'imposteur. Et pourtant cela fait un moment que je sais que je n'ai pas volé ma place. Je me souviens comment je l'ai obtenu et qu'en plus les autres n'étaient pas beaucoup plus malins que moi. Donc il y a bien peu de raisons mais quand même de temps de temps, ce doute ressort. Je me demande à quoi sert ce type de doute parce que je vois bien le coté répétitif, régressif et lourd.

Si ce doute revient, en quoi peut-il te servir sur ton chemin ?

Pour moi, c'est essentiel de douter et de partager mes doutes au moment opportun. Je n'ai jamais eu de problème à partager mes vulnérabilités. Je sais à présent que ces doutes sont des forces pour me permettre de rebondir. Alors si le doute revenait, je me donnerais la permission de faire marche arrière et de repartir autrement. Il me faudra choisir avec soin les gens avec qui il me sera possible de partager. C'est essentiel de faire part de ses doutes à ses proches et ceux qui prennent part aux décisions.

En ce moment, pour acheter une Société, je me demande : « Tu y vas seul ou avec des actionnaires ou tu fais appel à des financements ? » Il y a 99 % de chances que je n'ai pas les moyens d'acheter tout seul. Ce sera potentiellement avec un associé, quelqu'un qui me complète. S'il faut injecter deux ou trois Millions parce que l'entreprise a une étape à franchir qu'il faut financer. Il va falloir faire appel à un Fond. J'ai la chance d'avoir des amis de bon conseil dans ce monde. Cela étant, il faudra les convaincre. Convaincre, a plusieurs vertus. Si je n'y arrive pas, ce n'est pas seulement la forme qui est à remettre en cause, il me faudra écouter et réfléchir. Peut-être que mon plan n'est pas encore complet. Je suis quelqu'un qui s'emballe très vite, et si je n'arrive pas à emmener les autres, c'est qu'il y a une faiblesse que je n'ai pas vu.

J'ai aussi besoin d'un associé qui me complète et qui me dise la vérité. Les personnes qui savent nous éclairer et osent le faire sont rares comme ceux capables de dire à leur patron ou à leur collègue quelque chose qui ne soit pas facile à entendre comme : « Là, tu déconnes ! » Promouvoir cet oser dire est essentiel quelle que soit la taille de l'entreprise. Je comprends la prudence qui fait qu'on ne dise pas tout à son patron. Mais c'est important d'oser parce que sinon, sinon tout est génial, c'est flatteur, mais ça coute parfois très cher.

Revenons à ton projet, qu'est-ce qui te séduit ?

C'est une entreprise issue de travaux d'une thésarde de Central. Il y a déjà une dizaine d'années, elle a construit des modèles de croissance des végétaux avec du multi factoriel. Ces modèles prennent en compte, le terroir, l'arrosage, le soleil et représentent la manière dont les végétaux se développent. L'entreprise propose au monde agricole sur la base d'une image, de dire à quelle étape se trouve le végétal dans son cycle de croissance. En partant de cette image, il est possible de détecter et de prévoir un grand nombre d'informations. Par exemple, dire si la croissance des végétaux est en avance ou en retard sur les prévisions et donc prendre des décisions plus pertinentes. Il est possible de s'adapter aux régions du monde et aux climats ainsi qu'aux impératifs du client.

J'adore, c'est potentiellement très international. C'est un beau sujet, clair, concret. Il faut trouver un nouveau Business modèle pour que l'entreprise puisse croître. Le dirigeant actuel dit « *Je sais que la prochaine étape est de concevoir des produits reproductibles facilement, pas seulement des projets, uniques à chaque fois, et de développer l'aspect commercial... Ce n'est pas moi qui le ferai* ». L'entreprise est à taille humaine, composée de passionnés, des ingénieurs et un technico- commercial. Pour développer, il sera utile de rééquilibrer les métiers, de recruter des vendeurs.

Cela me passionne, car il y a aussi un écosystème à construire autour de l'entreprise. Ce serait mon principal apport. A la base, tu as le paysan, mais aussi la coopérative qui est au-dessus pour laquelle on peut faire des prédictions en fonction des observations sur la récolte à venir dans 3 mois.

Dans l'Écosystème, il y a aussi les marchands de semences à qui on peut dire, en fonction du terroir et du climat, quelle est la meilleure semence à utiliser cette année. Il est possible aussi d'informer les « traders » sur les marchés à termes des prévisions de récolte et de besoin de matériels ainsi que les sociétés d'assurance qui aujourd'hui malgré les règles en vigueur recourent à l'assurance production. A part eux, je suis convaincu que les collectivités territoriales auront aussi un rôle à jouer dans cet écosystème, ne serait- ce qu'en rapport avec la diminution de la pollution et puis pour promouvoir la valorisation des sols.

C'est une vraie logique circulaire... Tout ce que j'aime : du service, un produit qui crée du sens et de la valeur pour tout l'écosystème.

Christophe, 51 ans, père de deux filles, ingénieur, a eu un parcours d'entrepreneur avant de rejoindre Microsoft pour 16 ans puis le comité de direction France, puis des responsabilités mondiales dans l'industrie de la finance pour une division de Microsoft.

Chapitre 18
RSE, Innovation, Éthique et Régulation
Comment transformer les nouveaux enjeux en compétences ?

Entretien de Jean-Sébastien GOETSCHY
par
Danièle DARMOUNI

Peux-tu me dire quelles sont tes responsabilités ?

En tant que Directeur des Systèmes d'Information, je coordonne l'ensemble des activités informatiques de l'entreprise : 25 000 collaborateurs à « servir » et environ 4 milliards d'euros d'investissements. L'informatique est l'usine de la banque, celle qui la fait tourner au quotidien, tous les jours. Les gens nous confient leur patrimoine, font des crédits chez nous pour construire leur vie professionnelle ou leur vie personnelle. Nous avons le devoir de gérer de manière intègre et pérenne, un système d'information assez complexe.

Je viens de travailler sur la stratégie à 2025 pour l'informatique du Groupe, en ayant en tête les tendances principales à 2030.

Quelle est ta vision de ce qui peut se passer dans 30 ans ?

Les évolutions technologiques sont, ce jour, difficiles à prévoir et à imaginer. Elles vont relier par exemple la biologie et la technologie et aller sur un mixte sans couture d'un ensemble des technologies. En discutant avec mes collaborateurs nous nous sommes remémorés ce qu'était la technologie il y a 30 ans. En 1992, j'utilisais des cartes perforées pour passer le permis de conduire et on prenait des photos sur des films qu'il fallait développer. Un monde de dinosaures ? En 2052, j'imagine : des réseaux sans limites, tout en temps réel, une informatique dotée d'une intelligence artificielle tellement puissante, exploitant toutes les données, et nous apprenant énormément.

Aura-t-on atteint le *machine reasoning* ? C'est la capacité d'avoir une conscience. L'Intelligence artificielle, peut reconnaître un chat. Maintenant la pensée et la conscience de ce que représente ce chat, aujourd'hui est hors de portée. L'apprentissage va avancer, les algorithmes vont se sophistiquer toujours. Mais l'atteinte de la conscience paraît encore lointaine. Un internet immersif permettrait que tout soit interconnecté. Nous deviendrions un monde systémique connecté. C'est une évolution conceptuelle majeure avec un impact fort sur l'urbanisation de nos villes, sur nos habitats et aussi sur les relations humaines. Le rapprochement de la biologie et de la technologie jusqu'à « l'humain augmenté » mettra la technologie au service de la santé, tant sur les aspects « mécaniques » (prothèses robotisées) que sur des pathologies plus complexes (surdité, Alzheimer…).

Le calcul quantique complétera la panoplie de nos technologies de calculs. Je peux imaginer que dans 30 ans, ce soit tout à fait banal d'avoir une partie de processeur qui travaille en quantique, dans n'importe quel équipement. Quand on a des environnements probabilistes à aborder, le calcul quantique peut avoir des applications extraordinaires.

Je me questionne aussi sur l'éthique de l'intelligence artificielle. Est-ce que les robots vont être taxés ? Puisqu'il y aura une répartition différente du travail, cela pose question.

Quels challenges aurons-nous à relever ?

Le 1er challenge la RSE, me tient à cœur, je suis sponsor RSE pour l'IT. Nous sommes face à un sujet de survie, en 2052, nous devrons avoir franchi la neutralité carbone pour cela, des décisions doivent être prises dès maintenant. Sans quoi, nous devrons faire face à des catastrophes naturelles énormes, avec l'augmentation du niveau de la mer, et des températures à 60°. La dimension environnementale demande un engagement individuel, mais aussi collectif, et surtout industriel.

Recycler, traiter l'eau, produire de l'énergie… Individuellement, c'est compliqué et pas toujours efficace. Sans doute que leur financement sera un vrai sujet. Il faudra décider, au niveau des citoyens et des États, comment répondre à ce défi. La question de la frugalité énergétique va se poser : à quoi serons-nous prêts à renoncer ?

L'autre danger, la démographie, en 2052, les prévisions tablent sur plus de 6 milliards de personnes en Asie, plus 5 milliards en Afrique ça change les équilibres.

Enfin, je passe sur les éventuelles épidémies, collisions de météorites potentielles…

Le 2e challenge, l'innovation. La technologie doit permettre de trouver des solutions aux problèmes climatiques et à la démultiplication des populations. L'accès à la connaissance peut être un levier, un facteur d'accélération pour les pays en voie de développement. Cela permet une certaine forme de rééquilibrage et d'équité, en fait une forme de répartition des richesses.

Avec la pandémie, des barrières psychologiques sont tombées et la mondialisation, aujourd'hui, est partout, y compris dans nos façons de travailler, notamment sur le télétravail. Aura-t-on encore du « cash » ? Nous pouvons nous attendre à un usage accru du « sans contact » pour simplifier les usages et une meilleure prise en compte des aspects environnementaux, voire à des évolutions sur le rôle social du financement.

Le 3e challenge, les enjeux d'éthique, de sécurité et de régulation. Les expériences innovantes devront être encadrées.

Que doit-on contrôler, quelles limites poser à l'IA, quels comités d'éthique pour les gérer ? La sécurité sera un défi. On voit déjà, aujourd'hui, ce qui se passe au niveau de la cybercriminalité ou du cyber harcèlement. L'évolution des technologies pourrait nous rendre encore plus vulnérables, mais également apporter des solutions. Tout est question de maîtrise et d'encadrement.

Pour garder la confiance de nos clients et une bonne utilisation de ces technologies, nous aurons à faire des choix importants. Quel accord à l'échelle mondiale ? Comment gérer avec des États qui ne jouent pas le jeu ? Le sujet de l'inégalité d'accès à la technologie devra aussi être traité. Une certaine forme de justice ne peut pas s'installer sans régulation incitative. En 30 ans, les valeurs éthiques évoluent énormément. Qu'est-ce qui à ce moment-là sera acceptable pour nos sociétés ? Acceptera-t-on que la technologie serve à « contrôler » les populations, comme commencent à le pratiquer certains États ? Va-t-on aller vers des surveillances généralisées ? L'évolution des géants du numérique, des mastodontes hégémoniques, est un sujet en soi. Aura-t-on légiféré et pris la main au niveau citoyenneté, nationalisation ou mondialisation ? Où aura-t-on laissé entre les mains de quelques acteurs privés, l'ensemble de nos données, de nos façons de penser, de vivre ?

On ne devrait pas avoir de barrière ou de brevet sur certains domaines qui relèvent du bien public, comme les algorithmes ou les logiciels. L'open source est une très bonne réponse de partage au sein d'une communauté et d'accélération du progrès pour tous.

Le 4e challenge, les compétences nouvelles. Avec l'automatisation à grande échelle, il faudra revoir notre modèle économique et le partage de la richesse. De nouveaux métiers vont émerger. Former des développeurs à travailler sur des algorithmes quantiques, sera bénéfique. Sinon s'ils restent rares, la technologie sera accessible, encore une fois, qu'à certains acteurs et pas au plus grand nombre.

Profiter des avancées technologiques, c'est aussi savoir anticiper le sujet de la formation, de l'acquisition et de la transformation des compétences : notamment l'intelligence artificielle, l'éthique ou la régulation.

Aujourd'hui, certains sont très pointus en juridique et d'autres sont des technologues. Ces deux mondes se rencontrent difficilement et pourtant, il faudrait concilier les deux. Beaucoup de nouveaux métiers impliqueront de mixer de compétences, entre biologie et informatique (par exemple), ce qui créera beaucoup de valeurs.

La question de la répartition du travail va être prégnante avec la mécanisation, l'informatisation et la robotisation. Il peut y avoir ici des opportunités extraordinaires. L'essor du digital permet à des multinationales de gommer les frontières et de partager une information commune, un même événement de manière quasi-simultanée dans toutes ses géographies. Si l'accès à la connaissance devenait mondial, les différences de coûts de main d'œuvre et la distance pourraient ne plus être un problème dans 30 ans.

Avoir une technologie innovante, permet d'imaginer un nivellement par le haut de la main d'œuvre dans le monde. Cela va engendrer l'accès à un monde plus équitable, à ce titre. Le rôle des « ressources humaines » va évoluer avec les nouvelles attentes générationnelles, mais aussi par l'entrée de l'intelligence artificielle dans ces métiers. Quels seront les processus de recrutement de demain ? Sur quelle base et avec quelle éthique ? On aura accès à des informations, des analyses très puissantes qu'on ne peut imaginer aujourd'hui. Comment prendre en compte la diversité, la capacité à travailler ensemble, la complémentarité des compétences ? De plus dans un monde d'hybridation des humains ou du travail, les ressources humaines (RH) devront tenir compte de l'ensemble du contexte.

Nos sociétés ont tendance à devenir individualistes, hyper connectées. Que deviendra l'identité d'une entreprise dans 30 ans ? Aujourd'hui, c'est déjà un sujet. Dans 30 ans, le défi sera encore plus exacerbé avec la question de la place de l'homme et des choix à opérer en tant que citoyen.

Comment faire en sorte de préserver l'humanité et l'humanisme ?

Comment se préparer aujourd'hui à ces défis ?

Dans notre Groupe, la décision est de diviser les émissions de carbone de l'informatique par deux dès 2025. Cet objectif de 50 % a été étayé, nous savons comment on va le faire, c'est déjà un challenge. Il est important de démontrer que c'est faisable, pour donner confiance et embarquer tout le monde. Pour un tel sujet, c'est essentiel de commencer par le plus facile. Pour les autres 50 %, nous n'avons pas encore les solutions.

On peut agir sur la manière de sélectionner les innovations et leur financement. Un de nos premiers sujets a été de trouver des modèles de logiciels de calcul de l'empreinte carbone. Cela ne permet pas de résoudre le problème, mais au moins de mesurer l'atteinte de notre objectif. C'est à chacun dans sa délégation d'allouer les moyens financiers, mais surtout le temps humain et la qualité de relation avec ses collègues ou ses collaborateurs, pour permettre l'émergence de solutions ayant un impact positif sur l'avenir.

L'éthique et la régulation dépassent le cadre d'une entreprise. Nous menons des discussions entre concurrents qui ont rarement eu lieu à ce niveau-là. Le RSE nous amène à collaborer, car nous ne trouverons des solutions que globales. Je parlais de *l'open source* comme d'une option concrète, c'est vraiment l'idée de pouvoir partager les solutions parce que la question n'est plus la survie d'une entreprise, mais *est-ce que notre modèle global va être pérennisé ?* Ceux qui ont compris l'urgence, sont très impliqués pour avancer. Ils ont le devoir essentiel de faire monter le niveau de conscience des dirigeants des entreprises voire des gouvernements.

C'est aussi un sujet d'efficacité : ces initiatives peuvent avoir un retour sur investissement, y compris extra-financier. Dans notre métier, la confiance est la valeur essentielle qui nous lie à nos clients, donc la sécurité est un vrai enjeu. Il y a des bénéfices d'attractivité, de fierté des collaborateurs. Et c'est également un facteur différenciant important, dès aujourd'hui, pour nos clients.

Et pour développer les compétences ?

Accompagner les transformations des métiers de la technologie, avec la formation, le maintien de l'expertise est une fonction essentielle des managers : faire coïncider les besoins de l'entreprise, de l'évolution du marché, de compétence des collaborateurs, et savoir développer l'employabilité, l'expertise de nos équipes.

Concrètement, mon équipe pilote une « *académie de développement des compétences* » pour huit domaines principaux de

la technologie. Les formations dispensées sont un mix entre technologie et *softs skills* nécessaires pour l'éthique et la relation. Ainsi, pour concevoir et mettre en œuvre une nouvelle architecture informatique, il faut pouvoir à la fois être un expert et être capable d'expliquer ce que l'on propose : savoir collaborer efficacement et prendre en compte des axes divers, de la technologie à l'impact environnemental.
L'architecture informatique, si je fais le parallèle avec une maison, bâtit une vision long-terme, dessine les plans et assure la cohérence de l'ensemble des travaux.

Le changement le plus complexe à mener reste l'adaptation de la culture, individuelle, collective, citoyenne et d'entreprise. Elle commence avec soi et autour de soi. La mission d'une équipe informatique n'est pas uniquement de trouver une solution technologique à chaque nouveau problème. C'est anticiper le futur, créer la rencontre entre son expertise et les métiers qu'elle sert, ouvrir le champ des possibles.

Jean-Sébastien Goetschy, 46 ans, 6 enfants – Société Générale, DSI de systèmes transverses

Chapitre 19
La diagonale du Leader
Les équipes « hybridées » sont-elles l'avenir des organisations ?

Michèle CANELLAS

J'ai pu récemment observer le déploiement d'un nouveau leadership au sein d'équipes d'un format inédit : des équipes où se côtoient des opérationnels et des services supports dépendants de directions différentes. Un Dirigeant qui vit cette aventure, partage son expérience et ses réflexions : un moment privilégié écrit à deux voix.

Directeur industriel, il décide en 2016, de créer une équipe « élargie » en y conviant des personnes qui font partie d'autres Directions : RH, Industrialisation produit, Qualité, Contrôle de gestion, Supply-chain, Expertise développement produit... Il construit ainsi une équipe regroupant toutes les personnes de la chaîne de fabrication jusqu'au service client.

Comment définiriez-vous cette nouvelle équipe ?

J'utiliserai le mot « équipe hybridée » : *son leadership est moins autour du leader et plus dans ce dont l'équipe a réellement besoin à un instant donné.* Le but est que l'équipe trouve son équilibre entre sa raison d'être, sa capacité d'autodétermination et son attente de plénitude personnelle au travail. Elle ne doit pas hésiter à s'autoriser à sortir, quand c'est nécessaire, d'un cadre classique soit hiérarchique, soit fonctionnel. Je parle alors de leadership hybride ou diagonal.

Cette équipe peut donc fonctionner de façon différente ?

C'est même central et l'essence même de cette équipe. Quel que soit le niveau des personnes, l'organisation de demain aura un caractère d'auto-détermination. Cette capacité des personnes à s'interroger, écouter, expérimenter est fondamentale pour accroître la performance opérationnelle. Cela donne aussi plus de sens. Si j'ai l'occasion d'exprimer, de proposer et d'expérimenter, cela donne du sens en complément de mon propre travail, c'est-à-dire de ma propre valeur ajoutée. J'ai contribué à dessiner ce que sera demain et ça, c'est extrêmement puissant.

Quelle est votre intention au moment où vous créez cette organisation élargie ?

Il y avait une évidence : le rôle de fabricant demande beaucoup d'humilité. Il est essentiel de se rendre compte que la nature des sujets opérationnels ou stratégiques à traiter ne peut être résolu uniquement par le fabricant seul. On a besoin de l'éclairage des fonctions supports. L'équipe originelle comptait déjà cinq personnes de plus que mon équipe directe, les cinq processus clés qui améliorent la performance de la fabrication. Il y a aussi une chose très personnelle qui me motive beaucoup et me fait me lever le matin. C'est moins d'atteindre des budgets, d'avoir un taux de croissance, d'améliorer les indicateurs même si c'est absolument nécessaire. C'est avant tout de permettre à des personnes de grandir. C'est quelque chose qui est très inhérent à mon management et à ce que je suis profondément. L'équipe élargie était une manière d'exprimer cela. Les membres de cette équipe disent que - quels que soient le niveau hiérarchique, l'ancienneté et l'expérience - ils se sentent accueillis et écoutés de la même façon.

Qu'est-ce qui permet cela ?

Ce n'est pas le statut, l'histoire, des éléments exogènes à la personne qui font la personne, mais la personne elle-même qui est au cœur de la relation. Quand on vit une relation qui ne nivèle pas les personnes, et qui veille à utiliser les forces des uns et des autres, c'est extrêmement puissant. C'est une relation qui n'empêche pas l'acte d'autorité ou de décision, mais dans laquelle il n'est pas premier.

Cela demande beaucoup plus de temps et d'énergie, tout n'est pas facile. C'est beaucoup de temps au départ pour poser les modes de fonctionnement, définir des règles de vie pour travailler au quotidien. L'idée géniale, la solution intéressante pour les autres, et la solidarité naissent de cela, et il faut l'entretenir. Cela nécessite un leadership ajusté : parfois avoir la posture d'animateur et parfois celle d'autorité. Poser ce fonctionnement avec eux, écouter leurs réactions, accueillir leur avis, même quand ils nous renvoient quelque chose qui nous dérange ; surtout quand ça dérange.

J'étais heureuse de sentir que ce dirigeant met au centre: l'importance de la relation et l'énergie afin que chacun s'épanouisse et participe au développement du collectif de son organisation et de l'avenir. Heureuse aussi des récoltes de cette équipe : une collaboration réussie, facilitant la réalisation de chaque projet, un épanouissement individuel et collectif, du plaisir de se retrouver, à plaisanter, à s'appeler pour résoudre des problèmes simplement.

En 2021, des réorganisations ont impacté et impactent encore l'équipe élargie. Mon interlocuteur décide alors de proposer de réfléchir à l'intention commune pour donner un nouveau départ à l'équipe, pour les cinq prochaines années.

D'où vient votre envie de proposer à toute l'équipe de construire son intention commune ?

L'évidence, la conviction que le potentiel de chaque personne est plus large que sa description de fonction. C'est intéressant parce que c'est à la fois un exercice d'humilité (le potentiel est bien difficile à mesurer) et, en même temps, ça oblige à être très résolu pour aller chercher ce potentiel. Je suis convaincu que les individus ont un potentiel remarquable, parfois caché derrière des organigrammes, des définitions de fonctions, des éléments statutaires, des freins personnels aussi. J'ai eu envie de dire : autorisons cette équipe avec ses potentiels à proposer quelque chose de grand et de beau. C'est en fait une démarche très humaniste.

Qu'avez-vous découvert dans cet exercice ?

Je pense qu'il y a plusieurs registres : le premier élément. : ne pas avoir envie d'avoir raison trop tôt, parce que ce n'est pas compris. Il y a d'ailleurs beaucoup d'expériences qui le montre dans de nombreuses sphères et histoires. Le deuxième élément est l'importance du temps que l'on se donne pour le faire. Le rapport au temps de l'individu et du collectif, pour comprendre, pour formuler est primordial. Si on met la personne dans quelque chose de trop tendu, de trop dense, on ne permet pas à un collectif d'émerger réellement, car on le contraint trop.
Il y a donc plusieurs registres autour du temps : le moment où on le fait (ne pas avoir raison trop tôt) et de la manière dont on le fait (la temporalité).

Dans les équipes traditionnelles, les transformations de l'organisation nécessitent souvent, en urgence, de construire une ambition partagée par tous, pour s'y ancrer, afin de réussir en surfant sur la vague de ce changement.

Dans une équipe élargie, *le temps est vécu autrement.* Cette équipe se compose de personnes venant de directions différentes, directions dans lesquelles la transformation va avoir des conséquences de nature variée. Cela augmente la part d'inconnu et apporte une grande confusion, comme une tempête, mais qui n'est pas visible. Vouloir construire une ambition commune à ce moment-là peut rajouter de la confusion. Non pas que les personnes n'en sont pas capables, il y a toujours de la fulgurance. Il n'y a pas la même adhésion. La confusion, voire l'inquiétude qui a été partagée au milieu du chemin me laisse imaginer les questions que peuvent se poser les participants : en avons-nous le droit ? Sommes-nous en position pour le faire ? Quel impact sur l'équipe à laquelle j'appartiens ? Et sur l'équipe de nos dirigeants respectifs ?

Dans le cas d'une équipe « classique », une nouveauté va impacter l'équipe, et les services en lien avec elle. Dans le cas d'une équipe élargie, ce sont *plusieurs systèmes qui sont impactés en même temps de façon plus directe et cela provoque plus de remous*. En effet, seront directement concernées, ou pourront l'être, des personnes qui n'ont pas participé à cette construction. L'impact implique, des points d'attention nouveaux ou plus sensibles à prendre en compte.

Il est donc essentiel de prendre le temps de donner envie : regarder les freins, les inquiétudes et accepter les limites liées à ce type d'équipe… Poser les permissions et les protections nécessaires à leur puissance créatrice permet aux personnes de prendre conscience qu'elles peuvent : rêver, proposer des idées nouvelles sans les imposer, avoir une intention qui ne se réalisera qu'en partie ou qu'à moyen terme.

Pour les raisons que nous venons d'évoquer, cette équipe a besoin de renforcer ses bases, son fonctionnement, ses priorités, son pacte. S'ancrer dans ce qui ne change pas, pour laisser passer la période « troublée ». Puis, lorsque le calme sera revenu, cette équipe consolidée pourra créer son intention partagée. Il est urgent de ralentir et de commencer par renforcer les bases de cette équipe.

Quelle force avez-vous découverte dans la capacité de ce collectif à construire ensemble ?

Incroyable, c'est une grande réassurance pour l'avenir de chaque individu, l'avenir de ce collectif, l'avenir des collectifs et, en général, de la division. C'est impressionnant : ça veut dire qu'un collectif qui vit ce moment, dans un temps très court, très dense peut faire émerger des solutions incroyables. C'est aussi que la tension sur le temps peut également être un allié pour faire émerger les fulgurances et ça, c'est une grande force pour le collectif.

L'équipe est élargie : le rêve aussi. Lorsque les personnes utilisent la symbolique pour aller vers leur ambition, il en ressort des aspects passionnants : des idées partagées qui semblent être des incontournables et une incroyable richesse de propositions nouvelles. C'est important de laisser du temps pour accueillir chaque idée, demander à l'auteur de la développer. Répondre aux questions pour approfondir et préciser les différentes envies qui émergent. Donner du temps pour que chacun puisse s'approprier cette richesse, choisir ce qui est leur ambition commune puis partager l'envie collective de créer la suite autour de cette intention « *gourmande, riche, et partagée* ».

Qu'aimeriez-vous partager avec ceux qui voudraient se lancer dans l'aventure ?

Devenez maître de votre temps et de votre agenda : prenez le temps de poser votre pensée, autorisez-vous à regarder comment les personnes interagissent entre elles. Même si les résultats sont nécessaires, autorisez-vous à prendre du temps pour observer tout en posant votre pensée. Faites-vous confiance, c'est votre pensée qui sera la bonne à ce moment-là. Lisez, allez rencontrer les gens, allez à des conférences, interrogez votre équipe. Posez les choses avec un schéma, des éléments de culture et vos mots. C'est un des enjeux les plus ambitieux pour un leader dans ce monde qui va vite, qui est multi sujets et ou les choses rebondissent. Avec l'impression d'être en apnée en permanence, *le fait de savoir m'arrêter, de poser ma pensée* a été un de mes premiers apprentissage dans mon parcours de vie.

Mon deuxième apprentissage : *expérimenter et essayer avec gourmandise.* Gourmandise étant une forme d'amusement noble, une forme de générosité à donner votre pensée, à donner votre énergie, à faire bouger les collectifs entre eux avec cette générosité humaniste. Il n'y a pas de recette : si vous cherchez un livre de cuisine, c'est raté. La clé, c'est le questionnement. Ne pas douter de soi et se questionner en permanence. Être très solide parce que les équipes ont besoin de ça et en même temps s'autoriser des mouvements qu'on n'avait pas prévu de faire, ou des intentions qu'on n'aurait pas organisées comme cela et se laisser bousculer par l'équipe : c'est très réjouissant finalement.

Je remercie ce Dirigeant pour son enthousiasme. Une nouvelle forme d'équipes se développe. Elle met au cœur la richesse des individus, la force de l'intelligence collective, le plaisir de nouvelles qualités relationnelles. Alors l'efficacité en découle. Merci aux nouveaux leaders qui les créent. Ce n'est pas simple, ce sera à chacun de trouver comment réussir un leadership permettant la coresponsabilité, la cohésion malgré des objectifs différents. Le résultat est magnifique sur le développement des personnes, l'ambiance de travail, et l'efficacité. Souhaitons que ces équipes hybrides et toutes différentes se développent pour la réussite des personnes et des organisations.

Pour leur permettre d'aller vers leur ambition partagée, et gagner encore en force, de nouveaux paramètres émergent et le temps en est une d'importance.

« *Chaque fois que tu veux connaître le fond d'une chose, confie là au temps*. »
Sénèque

Chapitre 20
L'intimité au service de la stratégie de l'organisation
Faut-il partager le même lit pour faire les mêmes rêves ?

Marie-Laure DAUCHEZ

De New York à Paris, les banques d'investissement ont vécu un nouvel âge d'or, plus 65 % pour le marché mondial des fusions-acquisitions en 2021. Et la fête n'est pas finie. Les M&A restent l'option stratégique privilégiée pour les entreprises qui cherchent à accélérer leur croissance dans un monde post-pandémique.

De manière paradoxale, ces opérations sont pourtant souvent décriées car destructrices de valeurs. La phase d'intégration post-acquisition est, en effet, cruciale pour leur réussite.

Dans un monde traversé par des injonctions contraires, où les ressources sont instables et l'avenir incertain, où l'enjeu est de préserver la valeur telle qu'elle est ici et maintenant, je me suis demandé si les plans d'intégration post-acquisition dont les chapitres s'écrivent à l'avance étaient toujours d'actualité ? S'il fallait nécessairement partager le même lit pour faire les mêmes rêves ?

Je vous invite à découvrir au fil de l'eau les réflexions qui m'animent pour demain en lien avec les témoignages de Marie, DRH d'une filiale d'un groupe industriel, et de Bernard, DRH d'une importante BU d'un groupe d'équipements automobiles qui ont généreusement accepté de partager leur expérience sur ce sujet. Je les en remercie ici vivement.

Trouver un juste équilibre entre la nécessité d'interdépendance et le besoin d'autonomie pour préserver les rêves collectifs.

En 1974, Zhou Enlai déclarait en parlant des États-Unis et de l'URSS : « *Ils dorment dans le même lit, mais font des rêves différents* ». Il soulignait ainsi que leur statut de super puissances leur imposait la gestion en commun des affaires mondiales, les contraignant à coopérer même si leurs intentions réelles étaient différentes. Je dresse un parallèle avec une opération de M&A, où à mon sens, cédant et cessionnaire, sont en co-responsabilité de la réussite de l'opération.

Il n'y a pas de recette magique pour réussir le voyage de l'intégration. Le succès de celle-ci dépend souvent de la capacité de l'équipe dirigeante de la société acquéreuse à trouver le juste équilibre entre la nécessité d'interdépendance et le besoin d'autonomie de la société cible, entre le contrôle et la confiance.

Dans cette perspective, la prise en compte de la culture des deux entreprises est déterminante dans la recherche de ce chemin critique et du potentiel de création de valeur[43]. Chaque entreprise se caractérise par une histoire unique qui définit, de façon implicite et explicite son mode de management, sa structure organisationnelle et ses modes d'expression et d'interactions relationnelles. Et si l'on y porte un regard systémique, je dirai que ce sont les vents visibles et invisibles qui traversent les organisations et peuvent souffler de manière contraire en fonction de l'alignement du projet avec la raison d'être des protagonistes, et de la compatibilité des cultures d'entreprise.

Aligner la raison d'être et l'intention d'acquisition

La raison d'être qui définit la contribution que souhaite apporter l'entreprise au monde, est le phare qui éclaire le sens de ses décisions stratégiques. Elle figure l'appel entendu par l'entreprise vers une qualité différente de relations avec les éléments de son écosystème, et dessine sa responsabilité sociétale. J'ai pu remarquer que les entreprises se lancent souvent dans des opérations de croissance pour des objectifs qu'elles ne peuvent pas nécessairement atteindre en interne. Mais ces objectifs ne seront atteignables que si elles restent fidèles à la façon dont elles l'auraient fait elles même si elles en avaient eu le temps et les ressources.

S'assurer du degré de compatibilité des cultures d'entreprise

Parfois, les cultures sont tellement différentes que l'acquéreur préfère ne faire aucune intégration, en osant à peine ajouter son nom à celui de la cible pour ne pas indisposer les clients. Les dirigeants ne se parlent pas dès le début, ce qui ne peut qu'engendrer incompréhension et perte de valeur à terme. « Tout est au commencement[44] ».

---

[43] L'étude menée par Mercer en date du 1er octobre 2018 révèle que 43 %des transactions de fusion-acquisition ont rencontré des freins culturels importants ayant entraîné des reports dans la concrétisation des opérations, la réduction des prix d'acquisition ou l'abandon pur et simple des opérations. Dans 67 % des cas, les problèmes de culture sont facteurs de retard dans l'intégration et limitent la réalisation des synergies attendues.

[44] Le Leadership du vivant®, Une pédagogie du devenir » Danièle Darmouni. L'Harmattan.

Certains modes d'intégration peuvent masquer l'incompatibilité des cultures par souci de préserver le modèle économique de la cible et de l'infuser progressivement. Garder sous cloche trop longtemps la société cible, ne comble pas pour autant le fossé et finit par déclencher des tensions fortes entre les deux systèmes. Marie témoigne : « *La gestion étanche de la cible nous a permis d'acquérir des clés de lecture managériale. Mais plus on a voulu communiquer sur le modèle de référence de demain, son agilité, plus on a pu se retrouver un peu coincé parce que le collectif, de manière consciente et inconsciente, tendait à nous rapprocher de la culture historique du groupe. Mon job d'aujourd'hui, c'est de porter ce modèle social et managérial, et je me confronte régulièrement à mes collègues qui peuvent considérer que soit ce modèle est inadapté au groupe, soit et par principe, la référence doit rester notre modèle historique. C'est un changement de paradigme qui doit s'amorcer.* »

D'autres rapprochements menés de manière plus radicale, ignorent le risque d'incompatibilité Juste après la finalisation de l'opération, l'acheteur nomme immédiatement aux postes clé de la société rachetée des hommes de confiance avec une mission d'intégration, beaucoup de pression sur le budget et l'agenda, peu d'espace pour écouter les histoires et découvrir l'identité de l'organisation achetée.

« *On apprend au fil de l'eau* » témoigne Bernard : « *Il y a 6,7 ans nous avons racheté une société allemande. Nous avons alors décidé de placer rapidement nos hommes et de mettre en place tous nos processus. Eh bien, les hommes clé sont partis très vite et nous avons perdu beaucoup de savoir-faire.* » (…) « *L'éloignement culturel lié à la nationalité des entreprises cibles rajoute un élément de difficulté supplémentaire : sur une autre acquisition, ça a été plus compliqué parce que là, c'était un management 100 % japonais avec une très forte ancienneté et une très forte culture d'entreprise, des gens qui - y compris au plus haut niveau - ne parlaient pas ou très peu anglais. L'intégration a été longue et complexe du fait d'un gap culturel énorme.* »

« *En revanche, nous avons tout à apprendre de notre dernière acquisition et nous allons y aller pas à pas. Nous ne sommes pas très éloignés en termes de culture et ne sommes pas vus par notre cible comme offensifs et prenant le pouvoir : c'est comme un partenariat égalitaire alors qu'il ne l'est pas complètement, c'est nous qui achetons.*»

« *On y voit en effet une opportunité pour se transformer ; sur le plan industriel, puisqu'on va devoir s'orienter vers des product lines.*

Nos experts vont devenir des experts mondiaux. Cela va nous obliger aussi à intégrer des gens de l'extérieur, alimenter cette croissance externe et essayer de diffuser dans les deux sens la culture de chacun. La volonté du groupe, c'est de faire du croisement de compétences, notamment sur la partie technique, où ils sont très bons. Cela a un impact significatif sur la fierté de nos collaborateurs, y compris sur des candidats externes que l'on avait du mal à attirer. »

En définitive, le fait de ne pas stresser les systèmes par une intégration trop radicale, et d'adapter le mode d'intégration à l'aune de l'objectif commun d'enrichissement des compétences de chacun, est analysé par Bernard, comme « *une nouvelle bouffée d'air frais, des opportunités, une réussite, un vrai impact sur la motivation et le climat social de l'entreprise* ».

Et si l'intimité représentait la clef de voûte des stratégies de croissance des entreprises ?

Intimité, « *ce qui est intérieur et secret*[45] ». Dans sa racine étymologique, l'intime désigne la dimension la plus intérieure de l'expérience humaine, la moins communicable du fait de son caractère foncièrement privé.

Et si la clé d'une opération de croissance externe réussie passait avant tout par l'établissement d'un haut niveau d'intimité relationnelle entre les deux parties en amont de tout engagement ? Car, finalement, une acquisition, c'est follement amoureux : il y a un premier contact, des sourires empruntés, des échanges, on s'apprivoise, on se découvre des points communs sur lesquels on peut commencer à tisser une relation en se demandant qui voulons nous être demain.

L'intimité relationnelle, ce n'est pas établir des groupes de travail mixtes fonctionnels ou opérationnels pour identifier synergies, modes d'organisation et processus. C'est avant tout « *choisir de laisser les vieilles enveloppes de nos blessures anciennes et de nos vieux scénarios de survie* ». C'est « *sortir du rapport de force en osant différencier, pour mieux les relier et les harmoniser, nos compétences à donner et à recevoir aussi bien à l'intérieur de nous qu'avec les autres*[46]».

Profiter de la période pré-deal pour établir un pacte d'alliance relationnelle entre équipes dirigeantes, instituer des principes protecteurs de la relation, l'intimité peut être fragile, pour se rassurer

[45] Définition, Le Robert.

[46] Danièle Darmouni et Philippe Gabilliet : « Artisans du devenir », Village du monde, Pearson.

et structurer l'interdépendance et des principes innovants dans la relation, afin que chacun puisse exprimer la force de sa créativité, et favoriser l'autonomie. Modéliser progressivement cette alliance relationnelle à tous les niveaux des deux entreprises, tout au long du processus de due diligence puis d'intégration. Mettre en cohérence ce qui a été posé dans ce contrat relationnel et ce qui se passe sur le terrain, quitte à laisser partir ce qui n'est plus adapté aux nouveaux enjeux.

Finalement, « *la véritable intimité ne serait-elle pas celle qui permette de rêver ensemble avec des rêves différents* [47] *?* »

[47] Sylvie Galland, Jacques Salomé : « Si je m'écoutais, je m'entendrais ». L'Homme.

Chapitre 21
Les Leaders de demain
Comment oser inviter le vent ?

Roselyne GIGUÈRE & Judith MÉNARD & Co

Afin d'élargir notre réflexion sur le sujet, Judith et moi avons échangé avec Lionel qui réalise actuellement son rêve de devenir un dirigeant innovant au sein de sa « start-up » ; et Marie, ancien manager de la Banque Nationale du Canada.

Nous souhaitons proposer aux leaders d'aujourd'hui quelques actions pour inventer le futur avec l'intention de leur offrir des cadeaux déstabilisateurs. À eux de les déballer, et même de les recycler en actions encore plus audacieuses ! Ensemble dans ce voyage, nous les invitons à en inventer l'itinéraire et la destination.

Les clients sont les mieux positionnés pour accélérer le changement.

Soutenus entre autres par la technologie, les clients de demain seront très autonomes tant dans la recherche de solutions ou de services satisfaisant leurs besoins que dans leur mise en œuvre.

Que viendront-ils chercher alors auprès des organisations ?

La possibilité d'inventer et d'apprendre en temps réel avec des gens qui auront peut-être un pas d'avance sur eux, mais surtout une capacité notable à réfléchir de manière originale et créative *avec eux, pour eux*. Les multiples possibilités auxquelles ils auront accès devront se refléter dans l'offre et dans l'expérience qu'on leur proposera. Les clients encourageront l'organisation à remettre en question et à démultiplier ses savoirs.

Ce type de relation client existe déjà selon Lionel : « *Un élément clé dans la relation avec le client, c'est ce que je qualifie de co-création. Je travaille avec mon client main dans la main pour l'aider dans sa démarche. La raréfaction prochaine des ressources impose qu'on s'allie avec nos clients, et même avec les concurrents pour co-créer, partager, évoluer.* »

Quelle place aura pris dans les préoccupations des clients l'éthique, l'équité, le respect des ressources quelles qu'elles soient et de l'environnement ? Auront-ils pris conscience de leur autonomie et de leur pouvoir d'interpeller les organisations qui transigent sur ces questions ? Si de véritables changements se mettent en place, les clients en seront des acteurs majeurs, car ils ne sont plus impressionnés par les attentions VIP que certaines organisations mettent en place pour les séduire.

Les employés de demain, la ressource rare !

Conscients d'être des ressources rares, ils voudront connaître la mission de l'entreprise dans laquelle ils choisiront de s'investir et de comprendre quelle sera leur contribution à la réalisation du projet d'entreprise. Plus qu'un contrat de travail, c'est un partenariat qui les reliera à l'organisation. Ils feront confiance à cette dernière si elle soutient leur développement, traite équitablement les gens qui y travaillent et pose des actions en lien avec les valeurs affichées. Le niveau des fonctions pèsera moins dans la balance que la contribution possible, le développement du potentiel et la conciliation avec la vie personnelle.

Ce qui va les mobiliser, c'est une organisation qui se soucie réellement d'eux et ne les largue pas lors d'une restructuration. Certaines entreprises ont choisi de prendre soin de leurs employés pendant la pandémie et de sauvegarder les emplois alors que les contrats avec les clients étaient suspendus, témoignant d'un véritable partenariat pour traverser la crise. Ces entreprises avaient déjà tout en main pour repartir vers la profitabilité lorsque les demandes client sont revenues. Dans ce contexte, qu'est-ce qui aura la plus grande valeur ajoutée, la hiérarchie ou la proximité avec le client ? Judith souligne : « *Les milléniums ne sont pas intéressés par les décisions lentes prises par les dirigeants ; ils veulent être entendus. La machine organisationnelle ne les intéresse pas : ils recherchent une évolution accélérée et constante. C'est l'humain qui va nous pousser à la transformation.* »

C'est d'un véritable changement de paradigme dont il est question. C'est le lien de confiance et l'opportunité de développement qui retiendront le collaborateur auprès d'un employeur qui le soutient dans ses aspirations, même celle d'aller voir ailleurs. Les employés de demain seront encore plus mobiles qu'aujourd'hui. S'ils peuvent vivre une expérience renouvelée ailleurs, ils partiront. Ils iront travailler un temps pour une autre organisation, se joindre à l'équipe du client pour développer de nouvelles compétences, pour revenir avec un nouveau regard.

Cette mobilité fera partie de ce nouveau partenariat : soutenir les départs, susciter les retours et susciter des occasions de collaboration dans l'intervalle seront essentiels pour nourrir des collaborations fructueuses avec ses employés sur le long terme. La souplesse de la culture organisationnelle se vivra en temps réel, comme le souligne Judith : « *Si on prenait conscience qu'on n'a plus besoin de héros au sein de l'organisation, ça libérerait le potentiel de tous. Cela permettrait d'établir des partenariats gagnant-gagnant entre employés et employeurs : un employé qui veut influencer, réfléchir différemment et avoir un impact sur le projet d'entreprise, c'est lui l'agent du changement.* »

Le Leader, cet éternel mutant

C'est la qualité des liens tissés par leader qui fera la différence et lui permettra de réunir autour de lui des gens qui se sentent partie prenante d'une communauté et qui partagent un sens commun. En parlant de ses employés, Lionel nous rappelle : « *Ce ne sont pas mes ressources. S'ils veulent partir, ils vont partir : ce qui n'est éventuellement pas la fin de notre relation. Je ne peux garantir que la personne va être heureuse chez nous, mais je m'engage à créer un environnement qui va lui permettre de grandir et de performer.* »

À la question : « *Qu'est-ce qui fera le succès du leader ?* »

Lionel répond : « *Ne pas avoir peur et oser bâtir son rêve, créer un écosystème où les gens se réalisent.* »

Le leader de demain devra être capable de surprendre, de pousser, de penser de manière singulière et créative. Il devra être lucide face à son intention, avec ce qui fait du sens pour lui dans sa vie et faire avancer les choses s'il croit que son idée est bonne pour l'organisation et pour tout l'écosystème. Il cultive en continue son désir profond d'apprendre.

Pour Marie : « *Le leader sera plus exigeant pour lui-même. Il osera de vraies conversations avec son collaborateur pour partager le sens. Reconnaître que tu as un être humain devant toi, qui ne peut laisser ses émotions, ses enjeux personnels à la maison, est maintenant incontournable* ». Lionel ajoute : « *Le leader de demain n'attend pas que quelque chose existe, il challenge, il invente, il se met à risque. Je crois à la co-création et qu'on est là pour contribuer à plus grand que soi. Les fonctions ne définissent pas le niveau d'interaction du leader : il reste connecté à la base, aux clients* ». La culture doit permettre le risque pour grandir et le leader doit vouloir grandir et apprendre pour changer la culture.

Et les organisations ?

Les organisations devront revisiter leur approche de la réussite : le taux de croissance et de renouvellement du personnel sera à remettre en question. Judith nous rappelle *« Qu'à partir du moment où on part de l'humain et principalement du client, l'organisation que le leader va façonner est extrêmement différente. Pour répondre aux besoins des personnes qui y gravitent, il faudra être connecté à ce qu'ils vivent et oser co-créer avec eux en temps réels des solutions qui n'existent pas encore.* » Lionel insiste : « *Les clients n'imposent pas encore de pression pour que les organisations changent : inclusion, diversité, environnement, mais cela vient* ».

Les entreprises doivent passer de la compétition à la coopération avec les partenaires de leur écosystème pour engendrer de la valeur ajoutée qu'aucune organisation ne pourra obtenir seule[48]. Et l'écosystème inclut le client, l'employé, la communauté, le leader et les actionnaires. Tous doivent contribuer et grandir. Ça signifie : « *Gagner ensemble, en équipe ; y lier la rémunération, accepter de partager des ressources et parfois d'en perdre parce qu'elles n'adhèrent pas à ce nouveau cadre de référence.* »

Les entreprises avec une culture agile, apprenante, qui acceptent un mouvement fluide de la main d'œuvre : venir se former et repartir, vont générer une forte pression. En effet, elles seront attirantes pour les employés à fort potentiel. Les ingrédients de cette attirance ? Une mission significative, un alignement clair et des actions en lien avec les valeurs annoncées et une raison d'être puissante qui va faire vivre aux clients et aux employés l'expérience qu'ils recherchent.

La pression de changement ; elle est déjà là

Changer pour contribuer à l'évolution du monde ou changer parce qu'on y est obligé : c'est le choix qui est devant nous. Comment « challenger » nos cadres de référence ? En s'entourant de gens différents par leur âge, leur sexe, leurs origines, leur formation ; s'imprégner de diversité !

Nos propositions d'actions concrètes ?

- **Le mentorat inversé :** affecter un jeune mentor débutant, mais décoiffant à un collaborateur expérimenté. Cette

[48] Paul Leinwand, Mahadev Matt Mani and Blair Sheppard, Revinventing your leadership Team, BHR, January-February 2022.

personne challenge régulièrement nos idées, nos actions et nous pousse à innover.

- **La société mixte de ressources :** se joindre à une plateforme d'entreprises pour exposer les talents à différents environnements, le temps d'élargir leur regard, d'accroître leur flexibilité.
- **Le capteur d'idées innovantes :** créer, à l'interne ou avec les concurrents, un groupe de ressources afin de générer des options pour demain avec l'engagement de la part du leader d'en mettre au moins une en application.
- **Le comité de direction « parallèle » :** créer un comité de direction de jeunes talents. Ils se réunissent à un rythme commun, avec le même agenda et ont accès aux mêmes documents. Que décident-ils ? Comment les décideurs officiels s'en inspirent-ils ?
- **La curiosité en continu :** sortir de sa zone de confort et cultiver sa curiosité en continu en s'inscrivant, par exemple, à une formation de longue durée qui mène à une certification.
- ***L'Outsider* :** l'inclure dans les comités de direction. Fou du roi, il nomme ce qu'il voit alors que personne n'ose. Il est reconnu pour ses qualités d'innovation.
- **L'intrus :** cultiver le chaos en encourageant les employés à se glisser dans une réunion qui ne les concerne pas. Mission : écouter, questionner le langage opaque et les *a priori*. Proposer une option et quitter la réunion.
- **La tête, cœur, corps :** avoir une pratique régulière qui joint le corps à la tête et au cœur comme le thaï chi, le qi gong, etc.

En somme, *oser inviter le vent* ! Il n'y a pas de voilier qui avance dans le calme plat. « *Se sentir libre dans sa tête, se rappeler qu'on peut systématiquement modeler autre chose et s'y préparer en sortant dès maintenant de la surconsommation, du toujours plus !* » Lionel

Souhaitons-nous ce goût de décoiffer ![49]

Judith Ménard, Vice-Présidente Gestion privée 1859, Banque Nationale du Canada

[49] Lien vers la version longue de l'article : https://mozaik.fr/new_website/wp-content/uploads/QUI-SERA-LE-LEADER-DE-DEMAIN_vers-longue.pdf

Lionel Pimpin, PDG de Slalom, entreprise spécialisée en technologie de l'information

Marie Langlois, Senior manager à la retraite de la Banque Nationale du Canada

Roselyne Giguère, Master Coach

Chapitre 22
Agir aujourd'hui
Quelles graines semer ?

Danièle DARMOUNI

« Ceux qui rêvent éveillés ont connaissance de mille choses qui échappent à ceux qui rêvent endormis »
Edgar Poe

La vie est quelque chose de tendre, de précieux, de fragile... à savourer lentement.

La vie en nous et autour de nous, est aussi une infinie complexité de rencontres et de choix. De ces rencontres, est né ce livre dont les coauteurs ont accepté de partager leurs rêves, leurs recherches, leurs vécus. Leurs voix, venues des Antilles, du Québec et de tous les coins de France, ont chanté ici, combien la beauté de la vie est chère à leur cœur.

« Ici sur le bord de ce que nous savons, au contact avec l'océan de tout ce que nous ne savons pas brillent le mystère du monde, sa beauté. Une beauté à couper le souffle ». Carlo Revelli

La vie est un renouvellement permanent. Le reconnaître, l'apprécier permet d'ajuster notre approche pour relever les défis de notre temps, tisser ensemble la trame d'une nouvelle aventure humaine et célébrer le fait d'être vivant tout simplement.

Ce livre s'inscrit dans la même finalité que nos précédents ouvrages : « Artisans du devenir », « Le Leadership du vivant® »[50] et « Les Compagnons du Devenir » : ouvrir cet espace de dialogue entre nous et avec vous lecteurs qui partageaient ces questions :

Qu'est-ce que la vie nous appelle à faire ici et maintenant ?
Comment nous mettre à l'écoute de cet appel ?

---

[50] op. cit. p26.

Que chacun puisse développer ses possibilités de choix : une éthique de la relation

Nous vivons, comme tout être vivant le paradoxe d'être à la fois autonomes **et** dépendants de nos gènes, de nos besoins, de nos émotions, de notre culture. Notre liberté se définit alors comme la possibilité de choisir notre façon de vivre ce **ET**.

Arrêtons de vouloir éviter l'ombre du trou noir, traversons. De l'autre côté, se trouve la vraie liberté, celle d'opérer le choix d'apprendre, de créer et de participer à la vie. S'engager dans l'action demeure une façon de se libérer intérieurement.

D'autres chemins s'invitent autour de nous, qui sont autant de vies possibles, si nous entendons qu'il existe d'autres points de vue. Se décaler, regarder « la réalité » de ces autres points de vue, libère des ressources jusqu'ici enfouies, qui donneront aux défis d'aujourd'hui une fraîcheur nouvelle et des réponses inaccoutumées.

Porter sur notre contexte, un regard plein d'une fraîcheur, dépourvu de naïveté et qui n'est pas pris dans les projections et dans les ruminations mentales. L'émerveillement ne pose pas d'étiquette.

L'être humain, aléatoire, insuffisant, vacillant, modeste est une machine non-triviale, comme le dit Edgar Morin. Nous sommes tous capables d'actes imprévisibles, surprenants, inventifs. Si nous apprenons à intégrer les singularités, l'indétermination, le mystère. Ce n'est pas parce que nous ne discernons pas quelque chose qu'elle n'existe pas.

Osons avec un zeste de provocation, mettre en lumière notre choix d'une société qui développe la prospérité partagée, l'innovation et l'épanouissement des personnes qui la composent.

Osons devenir autre chose que **CON SO** et **Mateur**.

S'ouvrir à la relation un lieu fabuleux de réveil

C'est par la ressemblance que nous nous rassemblons. Pourtant, l'apparition simultanée de forces vigoureuses, au sein d'un écosystème, appelle distinction répartition organisation. Il y a ainsi un double mouvement d'attirance vers le même ***ET*** d'affirmation de chacun. Si nous nous regroupons autour de ce qui, nous est commun, c'est aussi pour que la différence trouve sa place.

Ainsi, l'entente ne se résume pas à la recherche fusionnelle d'harmonie. Elle devient dialogue entre différents et complémentaires. Dans le clair-obscur de nos ombres et lumières partagées réside le terreau d'une floraison nouvelle.

Vous l'avez lu à plusieurs reprises dans les chapitres précédents « un nouveau commencement choisi », demande *un Pacte qui relie notre désir de plénitude et notre aptitude à coopérer en fixant les règles du jeu de nos échanges.* Investis d'un souffle revitalisant, les membres de l'organisation se découvrent une puissance collective nouvelle dans le désir partagé d'engendrer l'inconnu.

L'approche systémique conjuguée à l'imaginaire symbolique ouvrent ce passage, *car le sens ne peut être qu'évoqué, jamais analysé, ni enfermé dans un système.*

Pour aimer ce XXIe siècle tous ensemble

Dans l'infiniment grand comme dans l'infiniment petit, selon les scientifiques – Biologistes comme Physiciens - tout est en interaction dans le Vivant et ces interactions tissent dans l'invisible ce que nous nommons réalité… L'autre, aussi mystérieux, soit-il, n'est qu'un révélateur de la capacité d'aimer qui nous anime. Animer, mettre de l'âme dans nos relations professionnelles comme personnelles, quelle audace d'oser poser le masque du sérieux et du conformisme.

Dernier clin d'œil de la langue des oiseaux : *am our* ou *l'Âme vers la lumière.*

Arrêtons de chercher seul, osons prendre ensemble la responsabilité créative des prochains chapitres de notre histoire. Semons les graines du jardin que nous transmettrons à nos enfants.

Liens vers les vidéos

Vidéo « *Respirer avec vos 7 cerveaux* »

Vidéo « *Le Leadership du Vivant* »

Vidéo « *Les 5 Lois du Vivant* »

Vidéo « *Plan d'accompagnement du plan de Transformation de Carrefour* »

Vidéo « *Présentation d'International Mozaik* »

A Paraître aux Éditions du Devenir en 2022…

L'aventure de cet ouvrage a été si fertile que nous nous sommes lancés dans l'écriture de deux nouveaux…

L'ADN du Coaching

Si Mozaik m'était conté, livre graphique

Printed in Poland
by Amazon Fulfillment
Poland Sp. z o.o., Wrocław

87459068R00090